PSICANÁLISE

CONSELHO EDITORIAL
André Luiz V. da Costa e Silva
Cecilia Consolo
Dijon De Moraes
Jarbas Vargas Nascimento
Luís Augusto Barbosa Cortez
Marco Aurélio Cremasco
Rogerio Lerner

Blucher

PSICANÁLISE

Uma atividade autobiográfica

Anne Lise Di Moisè S. Silveira Scappaticci

Psicanálise: uma atividade autobiográfica
© 2023 Anne Lise Di Moisè S. Silveira Scappaticci
Editora Edgard Blücher Ltda.

Publisher Edgard Blücher
Editor Eduardo Blücher
Coordenação editorial Jonatas Eliakim
Produção editorial Kedma Marques
Preparação de texto Mireille Bellelis
Diagramação Thaís Pereira
Preparação de texto Bárbara Waida
Revisão de texto Samira Panini
Capa Laércio Flenic
Imagem da capa Sleeping beauty (3/25), Meg Harris Williams

Blucher

Rua Pedroso Alvarenga, 1245, 4º andar
04531-934 – São Paulo – SP – Brasil
Tel.: 55 11 3078-5366
contato@blucher.com.br
www.blucher.com.br

Segundo o Novo Acordo Ortográfico, conforme
5. ed. do *Vocabulário Ortográfico da Língua
Portuguesa*, Academia Brasileira de Letras,
março de 2009.

É proibida a reprodução total ou parcial por
quaisquer meios sem autorização escrita da
editora.

Todos os direitos reservados pela Editora Edgard
Blücher Ltda.

Dados Internacionais de Catalogação
na Publicação (CIP)
Angélica Ilacqua CRB-8/7057

Scappaticci, Anne Lise Di Moisè S. Silveira

Psicanálise: uma atividade autobiográfica/
Anne Lise Di Moisè S. Silveira Scappaticci. –
São Paulo: Blucher, 2023.

182 p.

Bibliografia

ISBN 978-65-5506-339-4

1. 1. Psicanálise 2. Psicanalistas -Autobiografias
I. Título

22-7458   CDD 150.195

Índices para catálogo sistemático:
1. Psicanálise

Dedico este livro
a Paolo,
Chiara e Emanuela

Inicio invocando as musas:
Mary Lise, Lisa, Homerina, Antonieta,
Maria Olympia, Clarice, entre outras e
muitas inspirações.

Agradecimentos

Despertar... Como um argumento circular, volto a um ponto imaginário inicial da borda de uma xícara de chá. Lembro-me do primeiro livro que ganhei quando mal sabia ler, presente valioso naquela época, que contava a história de uma menina, Cecília, que trabalhava no circo exercendo as mais diferentes funções, vendia os ingressos, a pipoca, era palhaço, bailarina, acrobata e, o que mais me encantava, domadora de leões. Um analista-poeta disse certa vez que a psicanálise nada mais é do que uma listra no dorso de um tigre. Agradeço a oportunidade da psicanálise em minha vida, o que me ajuda na manutenção de meus amores fugidios nessa intensa in-tranquilidade que me habita.

A autobiografia é uma ficção cujo tema é a esperança e, portanto, não é à toa que os últimos livros de Wilfred Bion foram autobiográficos. É o *self* em busca de um autor, sendo recriado novamente e novamente, inúmeras vezes, em cada leitor e no próprio autor; uma leitura é uma experiência emocional. Escutar as vozes silenciosas das emoções demandam uma constante abertura para observação da vida de dentro, faz toda a diferença, um valor essencial.

Como uma simples passageira, pude contar com a parceria de algumas pessoas que me ajudaram a iluminar minha interioridade, o despertar que Bion chamou de *sleeping beauty*, citando os poetas ingleses, para se referir à função psicanalítica da personalidade de cada um e de todos.

Agradeço a generosidade de Meg Williams, por consentir sua obra na capa, *Sleeping beauty* (esse quadro está na entrada de meu consultório) e a todos que passam por ele tornando especiais os momentos de minha vida.

Prefácio

Julio Frochtengarten[1]

O livro de Anne Lise que o leitor tem em mãos é uma coletânea de seus artigos escritos desde 2008 e publicados ao longo dos anos em revistas e jornais da Sociedade Brasileira de Psicanálise, onde a autora desenvolve atividades de ensino e editoria e participa como analista na formação de novos psicanalistas.

O livro é composto por uma Introdução em que ela se apresenta e define a área pela qual circula seu pensamento e prática; as duas

---

1 Médico graduado pela Faculdade de Medicina da Universidade de São Paulo (FMUSP). Membro Efetivo e Analista Didata da Sociedade Brasileira de Psicanálise de São Paulo (SBPSP).

outras partes são compostas, a primeira, por textos voltados aos desdobramentos de experiências emocionais vividas na clínica; a segunda, por textos escritos a partir de seus estudos das várias autobiografias de Bion – *The long week-end* e *Uma memória do futuro*.

Na primeira parte, os artigos nascem de sua prática clínica, que se faz sentir muito presente. Não são discussões exaustivas das mesmas, mas sim, textos que ilustram as dificuldades encontradas na apreensão do objeto psicanalítico; também nos fornecem modelos para tentarmos nos aproximar destas dificuldades – suas "agruras" como ela as denomina a partir de *Agruras na busca da experiência emocional da análise de uma criança*. O modelo que surge, então, é o das nuvens, formações mutáveis no decorrer de diminutos fragmentos de tempo e cujos limites e formas se nos apresentam com contornos borrados. A força e a recorrência desse modelo aparecem nos títulos de pelo menos dois trabalhos, *Das nuvens e dos relógios* (título inspirado num artigo de Karl Popper) e *The nebulous domain*. O modelo que Anne Lise propõe, obviamente, está subordinado ao conceito de objeto psicanalítico que ela adota, o qual é amplamente examinado em sua dimensão conceitual em *Notas sobre o objeto psicanalítico*. Penso que a leitura deste texto leitura acrescenta ainda mais sentido ao que é desenvolvido nos demais dessa primeira parte. Adianto aqui, em minhas próprias palavras, como penso o conceito hoje: o objeto psicanalítico não é, tão somente, um objeto engendrado pelo conhecimento, que ganha forma na interpretação psicanalítica, a qual é expressa em linguagem denotativa. Ele é também um objeto que depende do contato direto do analista com a realidade psíquica e a mente primordial. É com este último sentido que, me parece, Anne Lise mais se ocupa na clínica e, consequentemente, em seus textos. Ela é bastante sabedora das dificuldades que essa vertente do objeto psicanalítico traz, uma vez que, com ela, o analista depende mais da ilimitada experiência emocional na sessão do que do conhecimento e suas representações; além disso, tem que ser capaz de servir-se dela no encontro de formas expressivas ou estéticas finitas, seja na comunicação consigo mesmo ou com o analisando. Bion, num Seminário em Paris, em 1978, chegou a indagar: "Acostumamo-nos à idéia de que a psicanálise é uma tentativa de fazer uma abordagem científica da personalidade humana... O último artigo que você leu no *International Journal of Psycho-Analysis* lembrou-lhe ou não de gente de verdade, de gente de carne e osso?".

Sabemos o quanto a falta de pensamentos claros e emoções que correspondam a sensações pode trazer turbulência ao campo psicanalítico. Efeitos similares podem ter as ilustrações de Anne Lise até que o leitor possa dar-se conta que a referência de objeto psicanalítico da autora não é a mesma da psicanálise clássica, e sim este outro, trazido por Bion a partir dos anos 70. Anne Lise traz uma grande contribuição ao leitor nessa apreensão ao contextualizar e inserir esse período da obra de Bion no conjunto mais amplo de referências psicanalíticas, incluindo aqui autores, como Freud e Klein.

A clínica nos é apresentada nos textos como produto de suas observações e intuições. Já suas intervenções, as quais ela atribui a um contato direto com a realidade psíquica, mantendo as referências teóricas "apenas" como seu pano de fundo – preconcepções –, não têm propósito explicativo ou causal; são intervenções que expressam, predominantemente, suas próprias elaborações do contato com as experiências emocionais. Essas elaborações ecoam da autobiografia da própria analista – assim expressa o título da obra, como fica acentuado nos textos da segunda parte do livro.

Identifico, nos artigos desta seção, apesar do intervalo de tempo decorrido entre o primeiro e último deles, uma linha sinuosa – ora mais central, ora mais marginal – do interesse da autora, que perpassa todos eles: a existência de um caráter autobiográfico na atividade psicanalítica, colocando assim vida, obra e cotidiano analítico entrelaçados numa mescla que, inclusive, traz à tona nossa própria infância.

12   PREFÁCIO

Alguns aspectos de sua biografia Anne Lise já nos apresentara na Introdução: a construção das palavras, as brincadeiras com sua sonoridade resultando, como conjecturo, em seu atual gosto de brincar com ideias. Alguns exemplos o leitor encontrará ao longo da leitura: desarmar e des-amar, corredor e (deixar) correr-a-dor, temporal e tempo-oral, tumulto e tu-muito (*too much*) – recursos sonoro-poéticos para abordar o pressentido, não detectável sensorialmente, não explícito, aquilo que apenas deixa um rastro de sua passagem. Como escreveu Drummond: "Este verso, apenas um arabesco / em torno do elemento essencial – inatingível... não mais / que um arabesco, apenas um arabesco / abraça as coisas, sem reduzi-las" (*Fragilidade*, in *Sentimento do mundo*, *Andrade, C. D., 1940*).

Para dispor de tais recursos o analista terá que escrever sua própria história. Uma história imaginada que se assemelha a algo dito por Fellini em uma entrevista publicada em 1994: "...De fato me é mais natural inventar minhas recordações com ajuda de uma memória de recordações que não existem. Mas uma memória que as alimenta e as faz nascer. Acredito ter inventado quase tudo. Talvez tenha até inventado meu nascimento!" (*Eu sou um grande mentiroso*, Fellini F., 1994). Ou, como refere Anne Lise, no último capítulo do livro, *Autobiografia e poética*, ao mencionar a autobiografia de Bion, "uma ficção num *aprés coup*, de sua vida vivida no interior de sua própria escrita... encantamento, beleza, mistério e terror diante do contato com a sua vida mental".

O processo analítico, visto como experiências emocionais em evolução, sessão a sessão, nos coloca na posição de saqueadores de histórias fossilizadas que se calcificaram pela consagração trazida pelos tempos. O grupo institucionalizado costuma contribuir para essa calcificação repetindo frases prontas e consagrando teorias à custa de não revisitá-las permanentemente. Mantermos a dúvida é parte do método psicanalítico vivo. Por isso André Green, com frequência mencionava Maurice Blanchot: *A resposta é a desgraça da pergunta*. As famosas recomendações de Freud para que o analista se sirva de uma atenção livremente flutuante, e a de Bion sobre um trabalho sem desejo, memória e compreensão expressam o mesmo cuidado com o caráter investigativo do método psicanalítico. Tal disposição implica que o analista se deixe abordar pela realidade a fim de poder conhecê-la: um analista implicado que, como surge nos textos, privilegia o que vai surgindo na dupla, suportando refazer sua compreensão a cada momento e em cada sessão, deslizando entre transformações em K e transformações em O.

Uma segunda grande questão, que aparece e reaparece na linha sinuosa que percorre os vários artigos do livro, é colocada pela autora Anne Lise – e se coloca para ela enquanto analista na clínica: como abordar, no cotidiano da clínica, o pré(-s)-sentido, que nos é trazido pela infra e pela supra sensorialidade, como nomeia Bion em *Uma memória do futuro*?

Com quais evidências o analista trabalha? Como obter evidências de um trabalho, realizado em nossa intimidade de analistas, que sofre tamanha influência de nossas personalidades a ponto de toda análise que possamos ter tido não ser capaz de esgotar o desconhecido de nós mesmos? E como obter evidências se sujeito e objeto do conhecimento estão em construção, sendo autoengendrados?[2]

---

2 Kant, tão citado por Bion, desencadeou uma reviravolta no pensamento que o precedeu, afastando-se da cisão entre sujeito que conhece e objeto a ser conhecido; estes foram tratados por seus antecessores como entidades independentes. Tendo colocado a ênfase no estudo da subjetividade, a filosofia de Kant conduziu a uma diminuição da atenção no objeto a ser conhecido e incrementou a atenção no próprio processo de conhecer; a natureza do pensar, seus problemas e sua relação com aquilo sobre o que se pensa, passou a ter posição mais relevante do que a preocupação com a verdade ou falsidade dos pensamentos. Como escreveu, na *Crítica da Razão Pura*, nem todo conhecimento surge de dentro da própria experiência: o conhecimento é constituído tanto pelo que recebemos através das impressões dos sentidos como pelo que nossa faculdade

14   PREFÁCIO

Penso ser essa uma das razões pelas quais Anne Lise aponta, em vários momentos, que o método do analista é pessoal, uma atividade no centro de sua vida, autopoiética (remetendo à capacidade dos seres vivos de produzirem a si próprios), de autocriação permanente.

Evidências assim (ou seria melhor escrever "evidências"?), levam a autora a considerar que nossa linguagem e expressões em análise terão que recorrer à estética, à poética, ao onírico, à infância que está em toda parte, mesmo que recobertas por uma camada racional.[3]

Apesar da experiência analítica ser irredutível à intervenção[4] do analista, ela é somente uma possibilidade, uma vez que, enquanto intervenção, apenas se anima quando analista e analisando estão em contato; é este último que põe o analista em marcha. A intervenção do analista é a sua expressão e não opera na dimensão da afirmação descritiva correta: ela cria a experiência, é parte implicada da mesma. A disposição do analista para participar da experiência analítica é uma necessidade imperiosa e intensa, talvez se possa dizer que é mesmo anterior à sua necessidade de conhecer. Nesse sentido é que as intervenções do analista tomam parte do núcleo mesmo da experiência, não são traduções da experiência analítica.

---

de conhecer fornece e acrescenta a ela. Dentro dessa concepção, é bem possível que não estamos em condições de distinguir, perfeitamente, o conhecimento do próprio objeto do conhecimento – e, no limite, tomar a realidade não sensorial impossível de ser conhecida, sendo toda ela ilusão e verossimilhança.
Para outros filósofos que o sucederam, haveria mais esperança quanto às possibilidades de se dar o conhecimento da realidade não sensorial. Por exemplo, para Bergson, o conhecimento pode ser alcançado pela intuição – a qual não é uma visão direta – mas tem, depois, que encontrar formas de ser expresso com razoável fidelidade; desse modo, o conhecimento intuitivo, mesmo não sendo suficientemente claro e nem total, pode ser alcançado em aproximações sucessivas, um processo de ir e vir.

3 Essa seria uma razão para indagar se o adjetivo *primitivo*, tão utilizado ao se tratar dessa dimensão, é o mais adequado, uma vez que sugere um observador isento da mesma.

4 Prefiro esse termo ao consagrado *interpretação*.

Anne Lise cita Ítalo Calvino em *Lezione Americane*, de 1988 – que entre nós foi traduzido por *Seis propostas para o próximo milênio* – no qual ele escreve: "a literatura (e talvez somente a literatura) pode criar os anticorpos que coíbam a expansão de parte da linguagem". Os leitores de Bion sabem o quanto ele advertia os psicanalistas, especialmente em *Uma memória do futuro*, contra o emprego dos jargões e frases prontas descoladas das experiências imediatas. Através desses lembretes ele nos provocou para estarmos permanentemente atentos para a observação das próprias experiências vividas. A provocação de Bion desdobrou-se em questões ligadas à *public-ação* (*Elementos de psicanálise*, 1963) e *linguagem de êxito* (*Atenção e interpretação*, 1970), dois temas que Anne Lise também aborda no texto *Das nuvens e dos relógios*. Enquanto Calvino, na obra mencionada, exaltou as seis qualidades – leveza, rapidez, exatidão, visibilidade, multiplicidade e consistência – que apenas a literatura pode salvar, Bion menciona a durabilidade e extensão (*Atenção e interpretação*, Bion. W. R, 1970) como elementos que devem fazer parte da linguagem dos analistas para que suas formulações alcancem o analisando.

Parte das dificuldades dos analistas que trabalham no trânsito entre as dimensões do *conhecer* e *do vir a ser*, T(K) <–> T(O) – como é o caso da analista que aqui aparece –, talvez esteja relacionada à necessidade de se despojar de memórias e desejos, inclusive os de compreensão, para tentar alcançar uma linguagem mais adequada para sondar o obscuro ou indizível.

"P.A.: Parte da ambiguidade e incerteza da interpretação psicanalítica é termos que falar espontaneamente e não podermos nos expressar com precisão num espaço de tempo tão curto. Mesmo que tentemos ser precisos, resta a ambiguidade da imprecisão da linguagem que usamos." (*Uma memória do futuro*, vol. 3. p. 139, Bion, W. R.).

Encerrando este longo Prefácio, devo lembrar que este não passa de um exoesqueleto do livro. Em seu cerne o leitor encontrará aquilo que Anne Lise, em *The nebulous domain*, diz ser "uma infinidade de partículas, grãos para todos os lados, movendo-se de maneira incerta". Sua leitura será compensada com o ganho em aproximação, compreensão e familiaridade com um modo bastante atual de pensar e praticar psicanálise.

Conteúdo

Introdução   19

Parte I. Vivendo a experiência emocional da psicanálise

1. Vínculos e a odisseia do indivíduo no grupo   31

2. Agruras na busca da experiência emocional
da análise de uma criança   43

3. Das nuvens e dos relógios: uma reflexão pessoal
acerca do método psicanalítico   63

4. *The nebulous domain*: dos fantasmas à psicanálise,
eis a nossa questão!   89

5. Notas sobre o objeto psicanalítico na obra
de Wilfred Bion   101

**Parte II. Autobiografia do psicanalista:
vida e obra entrelaçadas**

6. *Taming*: transitoriedade entre si mesmo e o grupo   117

7. *M'illumino d'immenso*: ficções e narrativas
da autobiografia   135

8. Autobiografia e poética   155

Referências e indicações de leitura   169

Introdução

Diante da grande dificuldade de aprender o português, um *gap* abissal entre mim e o grupo de classe da escola, desde pequena eu me valia do dicionário e da leitura do *Tesouro da Juventude*, enciclopédia escrita em português arcaico e colecionada por meu pai em sua juventude com grande esforço. *Tesouro* já era um título misterioso e extremamente atraente. Eu recorria à construção de palavras, juntava as sílabas por meio de imagens e da sonoridade em conjunções que se transformavam, com o passar do tempo, em pequenos poemas e, assim, sonhei, quis ser escritora. Esses voos da infância me foram constituintes. É nesse sentido que a aproximação com a psicanálise aconteceu em mim pelo vértice poético. Percorri, insaciavelmente, a estrada persuasiva e romântica de Sigmund Freud – entendi, muito tempo depois, que se tratava também de seu vértice científico –, a linguagem nua e crua, infernal em sua turbulência, de Melanie Klein – que me parecia Clarice Lispector – e, finalmente, aquela de Wilfred Bion, que colhe intencional e cuidadosamente a palavra que permanece no mínimo irredutível. Paralisados, incrédulos e sustentados pela imaginação, abrimos a janela da alma.

20 INTRODUÇÃO

A busca da linguagem é uma urgência em todos, quando sentimos o batimento do impacto da transição constante da vida animada ao inanimado. Poderíamos chamar de busca por uma linguagem viva que nos ofereça companhia, ficção, autobiografia.

O bom trabalho de um psicanalista constitui-se em seu diário de bordo ou na narrativa da vida, de sua odisseia, contada na intimidade, em cada sessão de análise. É a plataforma da vida, encontros e despedidas, evocação numa prece por uma musa que o inspire a se manter afinado consigo mesmo para poder estar com o outro. Nesse sentido ético da psicanálise, somos sempre passageiros do desconhecido, não importa quanta análise façamos. Nunca saberemos quem somos.

Sonhamos os modelos que surgem no caminho, fotografias efêmeras da contínua oscilação entre estar ou não em contato e de acordo com nossa vida mental. Modelo é um conceito que Bion propõe desde o início de sua obra, em *Aprender com a experiência* (1962), e continua seu pensamento ao discorrer sobre seu valor para o analista, o *fato selecionado* precipita um modelo (Bion, 1965), ou seja, é uma emoção como a *Eureka* do cientista que, diante do desconcerto da descoberta, hesita. Desperta uma nova configuração de elementos – que talvez, em nossas vidas, estivessem sempre lá à mão, conhecidos, mas que, de repente, iluminam-se, como alguém que abre pela primeira vez a janela para olhar o céu da alma. A pessoa é estimulada a buscar um modelo que melhor lhe atenda, que atenda à sua necessidade de pensar e deixar de lado outro modelo, enrijecido e insatisfatório, que estaria impedindo seu desenvolvimento. É o caso de Ana, que inspira Freud a pensar no trabalho dos analistas como limpadores de chaminés e lhe proporciona alcançar o conceito das associações livres. Em alguns momentos, o real aparece indiscriminado entre material, sensorial e vivo, imaterial. Como dar uma resposta verbal sobre objetos que estão em um estado pré-verbal (Bion, 1992/2000)?

Como conversar a respeito de objetos não existentes? Transformar temporal em tempo-oral?

Um dia, a mãe de minha paciente fala baixo em meu ouvido que deve ir ao banco; peço-lhe que fale diretamente para a filha. Depois de uns quinze minutos, a menina sai da sala – como se duvidasse daquilo que tinha ouvido – e vai certificar-se de que a mãe realmente não está na sala de espera. Voltamos para o nosso ambiente com muito custo, ela choramingando e eu tentando assegurá-la de que permaneceria ao seu lado. Naquele momento difícil, percebo que a situação vai ficando insustentável e proponho: "Vou te contar uma história". Mostro meu relógio de pulso e digo: "Era uma vez um ponteirinho pequeno que caminhava lentamente…". Ela continua desenhando na mesinha ao meu lado distraidamente, como se não estivesse ligando muito. Continuo: "Esse ponteirinho pequenino era importante, porque, embora fosse o mais lento, quando chegava aos lugares certos, tinha passado mais uma hora! Mas ele não trabalhava sozinho, nem seria possível! Ali vivia também o…". E ela pergunta, rindo: "Ali, dentro do relógio?". "É claro!", respondo. "Ali viviam outros dois ponteiros: um ponteiro médio, que ia um pouco mais rápido do que o pequenino e um outro que, de tanto correr, tinha ficado muito magrinho!". Paro um instante quando ouço: "Conta mais um pouquinho!" (Scappaticci, 2010).

É importante salientar a importância dos modelos por serem mais próximos à experiência, embora efêmeros; trata-se de algo sob medida para determinada situação, enquanto abstrações ou teorias são mais flexíveis e generalizáveis, mas se afastam da experiência. Gilberto Safra (2022) comenta como a linguagem universal ou a teoria podem eclipsar a experiência.[1] É muito bom observar que essa "construção" em análise parte da coisa em si, em sua concretude,

---

1 Comunicação pessoal.

22   INTRODUÇÃO

ao modelo que, se for próximo à realização, torna-se abstração. Do mais concreto ao mais abstrato, um método, uma epistemologia.

O analista, como o cliente, sempre está na encruzilhada de permanecer enredado entre o trágico e o épico, o modelo da *Odisseia* ou do *Édipo* e sua narrativa, ou ainda o de *Hamlet*, de Shakespeare: são encontros de Freud e dos analistas para descrever a experiência para o outro e para si mesmo.

Os modelos são oriundos de experiências pessoais do analista, de suas trilhas sonoras, dos pictogramas que surgem, de sua *reverie*; embrenhamo-nos em sua odisseia, em busca da alteridade que o habita e que nos habita, que não conhecemos, mas que nos é familiar. A atividade da escrita é, portanto, poética e *poiesis*, autobiográfica e, como salientei em várias circunstâncias, estimula o leitor a tornar-se autor de seu próprio destino, de seu texto, em sua épica e ganhando autoria, ser autor-idade. Esse aspecto contemporâneo, subjetivo e intersubjetivo da linguagem de reconhecimento (Machado Junior, 2022) se dá pela possibilidade de sentir e ir além, sofrer a emoção – e não apenas racionalmente –, se dá "pela atitude ética do respeito pelo solo sagrado em que o outro se estabelece" (p. 25).

E, assim, a análise é a descoberta de uma epistemologia pessoal, como já enfatizei em meus trabalhos: como a pessoa percebe sua realidade psíquica, é sensível à percepção e une elementos específicos, seu próprio método. Não é possível descobrir a si mesmo sem descobrir o outro, na descoberta o analista se revela. Como dizia Yutaka Kubo (1999), o paciente vai para análise não para se conhecer, mas por curiosidade quanto ao funcionamento de seu analista.[2] Complementando e conhecendo o outro, ele se conhece.

Escrevo e insisto. Não tenho dúvidas sobre a importância da publicação (pública-ação) para o psicanalista, enquanto ida ao

---

2 Comunicação pessoal em supervisão.

encontro de uma linguagem pessoal, alcance de sua própria alteridade. Esse encontro autoriza o autor, é liberdade. Utilizo essa tradução de *language of achievement* (Bion, 1970) no sentido de alcançar o Outro, ou ainda, seguindo a estrofe da canção: "Solto a voz nas estradas, já não quero parar…", de Milton Nascimento. Trata-se de alcançar um nível de enunciação evocando diversos pontos dos textos sagrados, em especial o do anjo Gabriel quando aparece para Maria anunciando (e enunciando) o nascimento de um bebê, uma nova ideia. Ao escrever isso lembrei da sessão de um menino de 5 anos que me perguntou: "Você está falando sério ou é brincadeira?".

Um texto autobiográfico desperta o outro, sua Bela Adormecida. Quando eu morava em Roma, as experiências com os pacientes me remeteram à observação de bebês. Depois de um discurso preparado no qual me apresentei à mãe grávida e sua família, a avó me acompanhou até a porta e, ao se despedir, me interpelou dizendo: "Não sei o que a senhora vem fazer aqui! Os bebês só comem e dormem!".

Observei silenciosamente a bebezinha que se agarrava à corrente de água da torneira até que explodiu num choro sofrido olhando para mim, cheia de terror. E quando não podia mais refugiar-se no inanimado, em seu exoesqueleto, uma couraça muscular particular que a deixava sem ar, cianótica, parecia que estava em pânico e ouvia apenas o som da água. Minha observação tornou-se então participativa, procurei fazer breves comentários para ajudar a dupla a encontrar uma linguagem comum de reconhecimento (Machado Junior, 2022).

No trabalho "Sobre o desamparo frente a estados de não integração" (Scappaticci, 2008/2016), fui amparada pela ideia de que somos, a princípio, fragmentados, a raspa de tacho da alma é fragmentada. Sofremos todas as vezes que nos aproximamos desse pulsar da oscilação entre integração/não integração, senso comum a cada um, desde o nascimento ou anterior a ele. A experiência é de terror ou de angústia de catástrofe frente ao risco de não encontrarmos um ritmo próprio, de enlouquecermos. É uma angústia de sobrevivência. Essas ideias estão ancoradas nos capítulos 9 e 11 de *Elementos de psicanálise* (Bion, 1963/2004), nos textos de Freud, especialmente "Inibições, sintomas e angústia" (1926/1996j) e "O estranho" (1917/1996f), e no artigo "Toward Bion's starting point: between catastrophe and faith", de Michael Eigen (1985), sobre catástrofe e fé, em que o autor comenta a imagem da explosão do Big Bang para uma suposição de um ponto psíquico inicial.

Muitas protoconversas são inventadas, cunhadas num contexto de pré-humanidade pela dupla analítica, como nos textos do período psicótico de Bion, publicados no livro *Second thoughts*, nos anos 1950. Pensamos nos efeitos deletérios das fantasias que, como realidade psíquica, podem destruir protoemoções, ou daquilo que está germinando, a preconcepção. A bela expressão "a mobília do sonho", de Bion em 1957, evoca os quadros de Van Gogh ou nossos pequenos pacientes que gostariam de quebrar os conteúdos de sua caixa lúdica que vão perdendo suas funções específicas; então, os conteúdos da mente perdem suas atribuições e tudo vira fezes, elementos beta, e, assim, faz-se um cenário de terra devastada, desolada, *wasted land*.

> *Abril é o mais cruel dos meses, germina*
> *Lilases da terra morta, mistura*
> *Memória e desejo, aviva*
> *Agônicas raízes com a chuva da primavera (Eliot, 1922).*

Daí a importância da "decisão", um elemento de psicanálise, do analista – com base em suas qualidades psíquicas, fator de sua função psicanalítica da personalidade – de não se conformar e visualizar uma força, um tropismo em busca de um objeto para criar e ser criado. Aqui, o pensamento de Bion evolve partindo da importância de valorizarmos os signos ou o pré-verbal, os estados esquizoparanoides, algo absolutamente específico, único para cada ser, essencial em seu mínimo irredutível. No fim de sua obra, Bion retira o peso psicopatológico da fragmentação, valoriza essa dimensão não integrada da mente, que coabitaria com outras dimensões mais representativas ou "civilizadas". Um rabisco é uma assinatura da alma, assinatura do divino em ti – e pode ter um valor humano maior do que uma frase inteligível.

Bion (1970) inicia o capítulo 13 de *Atenção e interpretação* com uma citação da conhecida carta de John Keats, de 21 de dezembro de 1817, e que reproduzo aqui: "o único meio de fortalecer o próprio intelecto é não decidir sobre coisa alguma – deixar a mente ser uma via para todos os pensamentos, não uma facção selecionada". E comenta no parágrafo a seguir:

> *o animal humano não parou de ser perseguido pela sua mente e pelos pensamentos a ela associados – qualquer que seja a origem desses. Portanto, não espero que nenhuma psicanálise executada adequadamente escape do inseparável ódio por parte da mente... (p. 132).*

Todos os bons textos são autobiografias e devem ser lidos pela chave do viver a experiência, ou em O (Bion, 1965). Bion salienta que o analista precisa estar sensível tanto à linguagem de substituição (fuga da realidade, imitativa) como à de consecução, ou de alcance (modificação da realidade – realidade aqui entendida como psiquismo). O vértice emocional predominante pode ser de inveja e gratidão ou de inveja e voracidade. Caso trata-se deste último, não é possível haver crescimento, mas divisão e multiplicação submetidas à avidez de um superego cujos pontos de vista da moral usurpam o domínio da realidade; uma proliferação fragmentada, inveja dos

26   INTRODUÇÃO

objetos – do próprio analista, de si mesmo, e dos objetos internos estimuladores do crescimento.

Bion (1970) conclui esse capítulo com uma frase inspiradora para todos os analistas:

> *o que se precisa procurar é uma atividade que seja simultaneamente a restauração de deus (a Mãe) e a evolução de deus (aquilo que é desprovido de forma, infinito, inefável, não existente); essa atividade só pode ser encontrada em um estado em que não haja nenhuma memória, desejo, entendimento (p. 134).*

Como dizia Freud citando Goethe, na vida é preciso fazer próprio aquilo que herdamos, é necessário o cuidado com nossos talentos (Goethe citado por Freud, 1913/1996o, p. 160). Bion faz uma colocação semelhante em seu último artigo, "Como tornar proveitoso um mau negócio" (1979b), anunciando a dispersão dos próprios talentos e da personalidade quando isso não acontece...

> *Mas às vezes o poder cosmético não é suficiente – novamente baseado na realidade que parece indicar que a solução pela qual a pessoa tem sido tentada de fato nem é forte o suficiente nem duradoura o suficiente para enfrentar posteriores exigências da existência (p. 469).*

Este livro é uma coletânea de trabalhos que escrevi e publiquei nos últimos anos. Escrevo pelo vértice da experiência emocional que não é fácil de ser vivida e menos ainda publicada. São ficções que tentam descrever o clima do encontro, que vai além ou aquém do sensorial ou dos conteúdos das palavras. Ando na contramão:

ouço vozes, barulhos mudos, vejo cores na sala vazia. Como tantos analistas, tento pôr palavras na realidade psíquica sem palavras e falar de coisas a que outros preferem não dar a devida atenção. A escrita tem sido minha companheira desde muito cedo. As palavras são conhecidas pelas crianças muito antes de seu sentido, surgem como pictogramas ou em sua sonoridade, uma melodia, prosódia, um arranjo misterioso. Esse primeiro contato é absolutamente único e precisamos vislumbrá-lo para continuar o percurso e nele desabrochar, alcançando uma publicação.

Parte I. Vivendo a experiência emocional da psicanálise

1. Vínculos e a odisseia do indivíduo no grupo

A meu pai

A convite do prof. dr. Carmine Saccu, analista sistêmico, estudioso de grupo, neuropsiquiatra, psicanalista e terapeuta familiar, este texto foi escrito para uma palestra proferida na Itália com o dr. Claudio Neri, psicanalista que organizou os seminários italianos de Wilfred Bion, no final dos anos 1970.

Neste texto, tenho o objetivo de descrever a odisseia do infante em busca de si mesmo, na turbulência entre os laços com seu grupo e consigo mesmo. Muito foi discutido na obra de Bion a respeito dos vínculos emocionais, que funcionam como um amálgama para o pensamento, configurando a ligação entre continente e contido. Sem emoção não há conhecimento e, portanto, amor, ódio e inveja são fatores que subjazem ao vínculo do conhecimento. O vínculo de fé surge em *Atenção e interpretação* (1970), é o vínculo da manutenção da esperança na falta de elementos sensoriais que possam nos trazer contato com o psíquico. Os vínculos emocionais que subjazem à união do indivíduo com seu grupo (interno e externo) aparecem mais explicitamente no início e no final da obra de Bion. Em *Experiência em grupos* (1961) e na trilogia *Memórias do futuro* (1975, 1977b e 1979a), o autor apresenta a mente primordial. Pretendo trazer à tona esses vínculos primordiais entre o indivíduo e seu grupo. Para tal propósito, escrevo de maneira autobiográfica minha própria odisseia de formação para narrar o périplo de todo analista. Mitos como modelos do funcionamento da relação entre indivíduo e grupo são utilizados para alcançar o leitor.

Nos anos 1990, quando tinha 20 e poucos anos, eu morava em Roma. Lá eu fazia a formação na Clínica Tavistock e na Escola Romana de Terapia Familiar. Logo me dei conta do quanto a formação e o convívio em grupo funcionam como na tragédia grega – trazem luz à encruzilhada de Tebas, a decisão do herói é escolher entre repetir o trágico ou seguir pelo épico, luta e dor –, constituindo-se um lutador por responsabilizar-se por si mesmo (Scappaticci, 2021). O grupo é um potente catalizador de vivências muito profundas e precoces que, sem palavras, numa hipérbole ganham voz própria, uma espécie de diapasão, de câmara acústica; são vivências a que dificilmente temos acesso individualmente. Qual o pressuposto básico que determinado grupo evoca e te convida a entrar? Ou vice-versa, qual o pressuposto que tua personalidade tende a entrar? É possível notar em mim mesmo certo padrão? A esse propósito, sempre acho interessante a expressão "tomei" um grupo, empregada por Bion ao atender um grupo. A filiação ao grupo parece suscitar vivências de fenômenos protomentais, uma matriz em que o físico e o mental, ou o psicológico, são indiferenciados, em que as três suposições básicas, dependência, ataque-fuga e acasalamento, são uma contrapartida mental e podem ser investigadas se houver colaboração:

> *É quase como se os seres humanos se achassem cientes das dolorosas e amiúde fatais consequências de terem de*

agir sem um domínio apropriado da realidade, e assim, dessem-se conta da necessidade da verdade como critério para avaliação de suas descobertas (Bion, 1961, p. 90).

Retornando à minha história, naquela época, eu atendia um menino que sofria de autismo e frequentava uma escola maternal quando, certa tarde, o encontrei em meu bairro; seu rosto iluminou-se e ele me disse: "Annalisa, ho visto una O!" (eu vi um O). Por mais que seu pai me explicasse que o O era um logotipo qualquer colado nos muros pelas ruas do quarteirão, eu me questionava com fé diante daquele seu olhar vitalizado se, ao me ver ali, de repente, alguma coisa não tivesse sido despertada nele.[1] Um "oh!" como uma saudação à sua existência, talvez diante de um olhar atento ou do despertar de algo adormecido naquele encontro. Enquanto os pais e os médicos ressaltavam a importância de encontrar conforto num diagnóstico, numa justificativa orgânica e na aparente materialidade de seus sintomas, eu apostei em algo talvez visível somente nas entrelinhas: um contato direto alma a alma?

Naquele tempo, eu lia *Two papers: The Grid and Caesura* (Bion, 1989/1977). O curso de terapia familiar com Carmine Saccu se baseava não apenas em teorias, mas sobretudo no *self* do terapeuta *na* transferência, e não *da* transferência. No curso, dizia que as crianças autistas são como os sumos sacerdotes da sociedade maia. Encontram-se no topo da pirâmide e possuem como se fosse uma linha direta com Deus. Veem coisas que os outros não veem, fazem gestos sem sentido relacional, borboleteando com suas mãos; seriam eles místicos incompreendidos por seu grupo, pelo senso comum? Seriam os demiurgos dos filósofos, a fusão do divino com o mundo

---

1 Faço uma alusão às *transformações em O*, propostas por Bion (1965) em seu livro *Transformações*, quando mostra que é possível aproximar-se do psiquismo entrando em contato diretamente pelo ser, uma outra via de acesso ao psiquismo que não seria intermediada pelo contato sensorial.

material, o transcendental e o imanente, o Diabo e o bom Deus de Sartre, ou a razão pura e a razão prática kantianas?

Ao relatar o acontecido com o menino, Carmine me indagou: "o que seria um O?". Respondi: "Ainda não sei". O para mim estava/está ainda envolto num mistério, uma parte incompreendida na obra de Bion e em mim mesma. O ser, uma essência? Algo que buscamos pelo resto de nossas vidas e nunca saberemos... Como resultado de tudo isso, ao voltar para o Brasil, após quase sete anos, dei o livro de presente a Carmine.

De algum modo aqueles anos nunca me deixaram. Salientaram o ser público do analista, a necessidade de publicação no grupo interno e externo para o meu próprio desenvolvimento, para sermos quem somos.

Bion, ampliando a visão de Freud, preconiza que o ser humano é um ser gregário por natureza (Torres, 2013) e deve permanecer na tensão contínua da atração entre dois polos constitutivos, narcisismo e social-ismo. O grupo é "interno" e "externo" ao mesmo tempo (ponho aspas pela impossibilidade, *a priori*, de separar realidade interior e exterior), a mente é grupal. Existe perenemente um diálogo interior entre o místico e seu grupo, da parte *nonsense* da personalidade com o senso comum, entre a turbulência disruptiva e fragmentada do *self* e o *establishment*. Melanie Klein descrevia esse movimento na oscilação PS/D, no alternar-se de estados esquizoparanoides e depressivos entre os quais Bion põe uma dupla flecha para dizer que estamos sempre oscilando, como um barco no meio da maré. Bion postula a realização da preconcepção do humano num modelo espectral da tensão entre os dois polos, narcisismo e social-ismo. Ou seja, a constatação de que o ingressar no grupo é fundamental, mas só – única e exclusivamente – se acompanhados por nós mesmos, em parceria com nosso próprio grupo interno.

Além de ser entendido num contexto espectral – e não de conflito a ser resolvido –, como uma tensão entre o indivíduo e o grupo, como parte do ser humano, o objeto psíquico para Bion é complexo, não é histórico, causa-efeito, linear, mas deve ser visto por múltiplos vértices, como uma pintura cubista. Além disso, o modelo de mente é um sistema aberto. Não é explicativo tampouco teorético, como alguém que tem uma hipótese em mente e tende a verificá-la, comprová-la empiricamente, ou como se o terapeuta fosse um guru imbuído de poderes para revelar o conteúdo latente e torná-lo manifesto, mas algo próximo à indeterminação da física quântica. É o estar aberto para a surpresa do desconhecido, para o incognoscível. Algo que é construção de um momento, como um pensamento à procura de um pensador (Pirandello, 1921).

O que é conhecido não é tão importante, a menos que seja para saber que devo, com base nele, fazer meu próprio percurso. O que interessa é o desconhecido. O pensamento novo quase sempre é causa de hostilidade.

Nos seminários na Sociedade Brasileira de Psicanálise de São Paulo (SBPSP) sobre o livro *The long week-end* (1982), a autobiografia de Bion, nos últimos onze anos, apresento a atividade do analista como autobiográfica, o analista implicado completamente. É uma atividade autobiográfica para a dupla.

Sabemos que os analistas são descritos desde o início da psicanálise por Anna O. como *chimney sweepers*, limpadores de chaminés, arqueólogos, escavadores e profanadores de cemitérios, iluminando o surgimento de pensamentos novos ou não nascidos. Estes últimos, porém, podem morrer se não conseguirem despontar. Ser ou não ser, eis a questão:

Será mais nobre suportar na mente
As flechadas da trágica fortuna,
Ou tomar armas contra um mar de escolhos
E, enfrentando-os, vencer?
(Shakespeare, 1603/2008, ato 3, cena 1).

Entrar em contato com o psiquismo é viver o terror frente à angústia de catástrofe de um ritmo único, um palpitar de si mesmo, não se transformar em ritmo poético.

Bion, impactado por suas experiências de guerra, busca a matriz humana no grupo e não apenas nos indivíduos que vão constituí-lo. Na guerra interna não há baixas. É necessário coragem para funcionar como em um "grupo sem líder" – proposta que faz aos analistas quando atendia grupos na Tavistock. Ou seja, conseguir permanecer em estados esquizoparanoides, não integrados, sentir e sofrer o medo, à espera de uma nova ideia, e, contudo, não enlouquecer na tentativa de participar de um grupo acompanhado por si mesmo (atingir uma condição de "social-ismo", como ele mesmo denomina).

Logo depois, após a desmobilização, em Oxford, reescreve seu diário perdido durante a guerra, *War Memoirs* (1997b), com pormenores detalhados de forma quase obsessiva. Parece impossível sonhar diante de tanto desespero, a memória sensorial é uma espécie de recurso, um continente muscular, um exoesqueleto. Quando o autor retoma o tema no final de sua vida, na escrita poética de *The long week-end*, o mundo interno e sua turbulência tornam-se pictogramas, é possível sonhar, sobreviver, viver. O relato é como contar um sonho, a realidade psíquica pode ser resgatada pelo recurso poético: lembra-se da passagem de *Henrique V*, de Shakespeare (1590/2005), na qual, reconhecendo a dificuldade de transmitir a Guerra dos Cem Anos, algo épico e multidimensional, num pequeno palco, o Coro evoca a Musa... E pede aos expectadores que utilizem sua imaginação (conjecturas imaginativas) para suprir as deficiências de ordem material na transmissão do imaterial.

Campo de Agincourt, 25 de outubro de 1415, em um mundo que Shakespeare descreveu como o "real", mas apenas bastante semelhante a ele mesmo. Cerca de 8 mil ingleses, esfarrapados, desmoralizados e despedaçados pela disenteria, salvaram, em tempo recorde, os 150 quilômetros que separam esse lugar de Harfleur, uma praça rendida após um cerco exaustivo que durou semanas.

Na peça *Henrique V*, um rei confuso e desorientado se mistura incógnito com suas tropas na véspera da batalha e sofre amargamente contemplando a desolação de seus homens. Porém, após árduo combate consigo mesmo, encontra a força interior que lhe permitirá enfrentar o momento supremo com a coragem e a dedicação necessárias para atacar um inimigo superior. Será essa força que conseguirá transmitir aos seus homens numa fala imortal, que vale a pena percorrer entre a calma e a excitação. O discurso de São Crispim. Uma publicação do indivíduo em busca de comunhão com seu grupo.

Em sua vida e sua obra, o interesse de Bion por grupos é sempre presente. Sua filha, Parthenope, relata que, vasculhando sua biblioteca, descobre uma parte dedicada aos poetas que influenciaram seu estilo com sua linguagem sonora e sensual – como Virgílio, Proust, Milton, Keats, Joyce, Hopkins etc., além de obras teatrais, matemáticas e livros sobre guerra, tema de seu interesse. Isso demonstra uma leitura disparatada e uma enorme facilidade em agrupar essas experiências que também se fazem presentes numa sessão de análise, em que, para Bion, as configurações grupais em supostos básicos comparecem no interior da relação psicanalítica com projeções do mundo interno do paciente, o duplo do grupo interno.

O fato de ter nascido na Índia o influenciou muito. Em sua obra, ele cita o *Baghavad Gita*,[2] mencionando um trecho de uma batalha na qual há um debate entre o guerreiro Arjuna e Krishna. Arjuna atira suas armas no chão e diz que não lutará (diante do inimigo que incluía muitos de seus amigos e pessoas de sua família), mas Krishna o aconselha a enfrentar a luta. Como no monólogo de Hamlet: "Ou pegar em armas contra um mar de angústia – E, combatendo-o dar-lhes fim?" (Shakespeare, 1603/2008, ato 3, cena 1).

Bion fez parte das equipes de polo aquático e rúgbi na escola, foi capitão de tanques na Primeira Guerra Mundial e trabalhou na Segunda Guerra como psiquiatra. Começou sua carreira com grupos na Clínica Tavistock e escreveu vários trabalhos sobre grupos, reunidos no livro *Experiências em grupos e outros trabalhos* (1961). Nele é demonstrado como o grupo de trabalho é constantemente perturbado por influências oriundas de outros fenômenos mentais de grupo e como é difícil e complexo os indivíduos se relacionarem uns com os outros – e não, por exemplo, apenas com seu líder, que pode tratar-se de uma ideia fixa e preconcebida, ou ainda uma teoria, por exemplo, que impede a pessoa de abrir-se para a realidade. Escreve: "o indivíduo é um animal de grupo, em guerra não apenas com o grupo, mas também consigo próprio, por ser um animal de grupo, e com aqueles aspectos de sua personalidade que constituem sua grupalidade" (Bion, 1961, p. 120).

O círculo se fecha quando, ao final da vida, Bion dá vários seminários, escreve *Memórias do futuro* (1975-1979) e suas autobiografias. Rosemary, uma de suas personagens, perguntou se a beleza poderia ajudar na infância balbuciante da mente diante da turbulência do grupo de personagens internos (Bion, 1975).

---

2 A Batalha de Kurukshetra, ocorrida há mais de 5 mil anos, faz alusão a uma batalha que acontece dentro de nós diariamente.

Nesses últimos anos, dedicou-se às expressões da mente primordial, ou seja, à união da mente pré-natal e pós-natal, algo circular, um retorno àquilo que se é desde o início da vida. Portanto, o interesse pela mente grupal e os pressupostos básicos estão presentes nas manifestações da mente primordial e na sua indiscriminação somato-psicótica, como um fio condutor de seu pensamento.

No livro *Two papers: The Grid and Caesura* (1977/1989), observei a tentativa de domar, classificar e, ao mesmo tempo, dar continuidade aos pensamentos. Foi uma experiência de impacto e intuí, ali, uma grande abertura. Nele, o autor preconiza que o analista deveria investir em sua instrumentalização pessoal, sobretudo em mitos e histórias, e traz os mitos como modelo do psíquico, alegorias, e não simplesmente teorias que, embora necessárias, são afirmações que podemos utilizar para nos afastar da experiência vivida. Mitos como modelos são formulações verbais de imagens visuais, pictogramas que, pela voz do poeta, tratam da narrativa do herói, da travessia do infante, cujo norte é a luz seguindo sua musa inspiradora, algo original em si. O real e o imaginário se encontram.

Os mitos como modelos, nesse sentido, são mais flexíveis do que teorias, menos abstratos, nos remetem a imagens visuais, saem de uma situação de causalidade ou de entendimento. São "sistemas abertos" ou, como diria Kant, narrativas que têm como finalidade unir nossa intuição aos conceitos e, assim, iluminá-la pela imaginação.

Bion (1977/1989) enumera, nesse livro, cinco histórias que constituem uma galeria de imagens verbais; são modelos para quase todos os aspectos de situações emocionais que ele pôde observar.

O primeiro mito que salienta é o Édipo, que continua sendo de importância central para a psicanálise. Contudo, aqui ele expande a questão freudiana. Além da sexualidade entendida de maneira mais ampla, o Édipo é a busca de si mesmo, é a decisão entre escolher

40 VÍNCULOS E A ODISSEIA DO INDIVÍDUO NO GRUPO

o destino trágico e repetir o passado, o carma transgeracional, ou optar pelo épico, correr o risco abrindo-se para o desconhecido.

Assim, Édipo se repete como alguém que muitas vezes deixa de ver as evidências por sua arrogância (*hybris*). O embate do herói reside entre arrogância, estupidez e curiosidade, como se intitula o artigo de Bion, "Sobre arrogância" (1957/1994b). A encruzilhada de Tebas consiste na nossa decisão cotidiana entre enfrentar as frustrações impostas pela realidade (realidade psíquica) ou fugir, enlouquecer, esvair-se.[3] Ser ou não ser, existir ou "des-existir", eis a questão. O Édipo é a história do infante em busca de sua origem – no sentido de algo original dele mesmo –, de realizar seus talentos, desde o início de sua humanidade. Como Odisseu, mito pré-edípico, cada um de nós está fadado a percorrer esse mesmo caminho e, a cada performance, a cada publicação (como na tragédia), compomos, temos uma oportunidade de recriação de nós mesmos de forma diferente. E, em certo sentido, nos identificamos com Eurípides, Homero, Virgílio, Sófocles, Freud, Bion, até nos tornarmos autores míticos e escrevermos nossa própria história. Nossa autobiografia.

O segundo mito escolhido por Bion é o do Cemitério Real de Ur, cidade de Abraão, onde, em aproximadamente 3.500 a.C., a rainha e seus súditos, sob o efeito de um narcótico, foram enterrados com seus tesouros e joias. O lugar era considerado sagrado, mágico, portanto, temido e inviolável. Sabemos que o lixo da cidade diz tudo sobre ela: o que era produzido e descartado, seus costumes. Os arqueólogos, ao escavar, encontraram numa nova camada de lixo a tumba e imaginaram que o rei teria enlouquecido pela morte da esposa e mandado jogar a rainha e seus súditos no lixo. Essa é uma versão recorrente de muitos mitos e histórias, como a de Antígona.

---

3 Bion repete várias vezes esse dilema em sua obra: modificar a realidade ou fugir, ou seja, entre sofrer os sentimentos para poder pensar ou se esvair. A realidade refere-se à realidade psíquica ou o modo de viver a vida.

O terceiro mito, de cerca de 500 anos depois, é sobre um tipo diferente de procissão que passou a frequentar o lugar, os saqueadores. Bion compara os saqueadores de tumbas com os pioneiros da ciência e os psicanalistas.

O quarto mito é o da Torre de Babel e o quinto é o da árvore do conhecimento ou jardim do Éden. Às cinco histórias, ele acrescenta a morte de Palinuro, em *Eneida* (Virgílio, 19 a.C./2016). Aqui, Eneias assiste à distância ao naufrágio de Palinuro e sua frota. Palinuro é interpelado pelo deus Somnus (*Hypnos* em latim), transformado em Forbas (*Forbante*), que tenta seduzi-lo, acentuando que o mar estava calmo e era momento de dormir. Palinuro arrogantemente nega sua ajuda para conduzir o barco e amarra-se ao timão. Mas deus sacode em suas pálpebras o orvalho do esquecimento de Letes, soporífero com o poder de Styx que faz o timoneiro dormir desamparado. Em seguida, o atira no mar, quebrando o timão e parte da proa. Pouco depois, Eneias acorda e se dá conta que seu navio estava à deriva e seu timoneiro tinha sumido no mar. Ele toma o timão e seu coração dói por causa do trágico destino do amigo: "Por que confiaste na bela aparência do mar, Palinuro? Em terra ignota terás de jazer, insepulto e sem nome" (p. 29).

É assim que permanece subjacente a dimensão grupal da mente da qual o indivíduo deve constantemente ocupar-se e cuidar para que possa ingressar no próprio grupo, não de modo ingênuo, mas em companhia de si mesmo... Laços com si, com nós, ποιησις (*poiesis*).

2. Agruras na busca da experiência emocional da análise de uma criança[1]

Prelúdio

Este trabalho trata da minha primeira publicação de uma reunião científica. "Agruras" traz o mote infindável do analista em meio à turbulência emocional, é a procura de uma narrativa que permanecerá sempre inacabada. Como Orfeu em busca de Eurídice, analistas – como poetas, cantores, instrumentistas – alcançam, numa atitude lírica (Eliot, 1944), uma linguagem certeira de acordo consigo mesmo e com o outro. Uma efêmera integração dos elementos sensoriais presentes e dispersos no som das sílabas e em suas pausas, na tensão entre os afetos e as abstrações. Diante da falta de publicações nesse sentido, organizei, na época, o livro *Bion e a psicanálise infantil* (Scappaticci & Tirelli, 2011). Trata-se do testemunho de vários analistas que trabalham com crianças através da observação da experiência emocional.

---

1 Trabalho originalmente apresentado em 2008 e publicado em 2011 em: *Jornal de Psicanálise, 44*(81), 187-202.

Flash sonoro e visual, recordação de minha infância: João Gilberto fazendo uma parceria com sua filha Bebel. Eles cantam "Chega de saudade":

> *Chega de saudade*
> *A realidade é que sem ela não há paz*
> *Não há beleza*
> *É só tristeza e a melancolia*
> *Que não sai de mim, não sai*
> *Mas se ela voltar... (Jobim & Moraes, 1958).*

Introdução

O objetivo principal deste capítulo é refletir sobre a atividade do analista na busca da experiência emocional e de sua comunicação. Trata-se de uma reflexão sobre as maneiras possíveis (ou não) de estar presente nas "agruras" do trabalho analítico com uma criança, a possibilidade de construir uma linguagem que estabeleça (ou restabeleça) o contato (elo) da dupla com a experiência emocional em curso e/ou o contato consigo mesmo.

Nessa reflexão, tento estabelecer ligações entre a análise da criança e o contexto familiar da atualidade ao qual ela pertence e do qual nós, analistas, também fazemos parte.[2] As questões que têm mobilizado o meu trabalho têm base na diferença (distância) entre os vértices no próprio indivíduo (intrapsíquicos) e relacionais

---

2 Atualmente, na supervisão de analistas que trabalham com crianças pequenas, encontro a dificuldade da valorização do enfoque do psiquismo infantil frente a pressões do mundo contemporâneo, como a concorrência com outras atividades e diagnósticos, a insistência numa menor frequência semanal, que prejudicam a observação da vida emocional da criança.

do analista, da criança e de sua família. Penso que meu interesse, alicerce desses questionamentos e inquietudes, encontra-se nos três anos de supervisão no atendimento a uma criança psicótica com Gianna Polacco Williams, em Roma, no curso vinculado à Clínica Tavistock (1990-1994), na atitude de respeito e ética frente a uma vida mental que, seja como for, sempre está presente (vir a ser). Outros fundamentos para essas reflexões são as contribuições a respeito dos estados mentais primitivos feitas por Tustin, Meltzer e Klein; as ideias de Alvarez (1992) de "reclamar", clamar, resgatando nossos pacientes "ausentes", e a preciosa oportunidade de observação de bebês deixaram em mim um registro permanente. Encontro também interlocução fértil nas ideias de autores italianos, como Bolognini, Bonaminio, Civitarese e Ferro.

Nos últimos anos, a investigação teórico-clínica – sobre o vértice da observação da experiência emocional do analista, bem como sobre a rapidez com a qual novas configurações familiares e tecnológicas se apresentam e se impõem no consultório – foi estímulo decisivo para as indagações levantadas neste trabalho. Nele, a técnica é abordada em sua "noção ampliada, não ligada a formas pré-estruturadas do fazer analítico" (Almeida, 2008, p. 171), mas ligada à possibilidade de ser pensada, seja durante a sessão (quando é possível), seja a *posteriori*, em função do registro da experiência emocional.

Além disso, a psicanálise parece andar na "contramão", confrontando os anseios da sociedade atual – e, muitas vezes, do próprio analista –, que pressiona por um resultado rápido, quase gratuito, com pouco investimento em todos os sentidos. O analista está envolvido em questões próprias e do campo criado naquela experiência emocional. A demanda envolve a dupla com sua turbulência na sala de análise no período pré- e pós-catastrófico (Bion, 1965). Portanto, devemos pensar em uma experiência a dois que deve levar em conta o grupo que a observa. A partir daí, o par e o grupo constroem uma nova história:

> o preço a ser pago pelo par no investimento numa atividade que é psicanálise – e não sobre psicanálise – evoca desejos de saber como o grupo está reagindo ao relacionamento do par. Este desejo muitas vezes mascara o anseio de validação, reputação popular ou aprovação em ambos os integrantes do par (Bion, 1970, pp. 76-77, grifos do original).

Fica subentendido que, vice-versa, o par também desencadeia desejo no grupo. Numa análise de criança, como em outras, a tarefa analítica acaba por estimular sentimentos intensos, porque são primitivos e básicos, no analista, no analisando e no grupo. Remetemo-nos à experiência em grupos de Bion, que enfatiza como estes tendem a estimular "suas características 'pares', nascimento, dependência, formação de pares e guerras – estas são as situações básicas às quais correspondem os impulsos básicos" (Bion, 1970, p. 72). Portanto, o analista precisa investir na mediação entre o *interno* – com disciplinada privação na intimidade do espaço analítico da dupla – e o *externo* – pois, antes de o analisando existir, já há um grupo familiar e social. Cabe ao analista a tarefa árdua, sessão após sessão, de construir e criar um espaço (*dentrofora, dentro e fora, só dentro/fora*) correspondendo àquela área intermediária descrita por Winnicott (1967/1975) com função de sustentar o indivíduo em sua subjetivação. A falha nesse elo corresponde, segundo Kaës (1998), a diferentes formas de mal-estar da civilização atual, que perturbam a estruturação e o funcionamento da vida psíquica pelos efeitos da falha na intersubjetividade.

Não pretendo com essas indagações defender a ideia de que cabe ao analista resolver todas as questões, como a análise da família da criança atendida por ele. Sugiro, apenas, que ele deve estar atento e considerar o grupo familiar e as personalidades que o compõem, como reagem e provocam turbulência em relação à análise e vice-versa, e quais efeitos a análise tem sobre o grupo.

Construindo um espaço

Tom, um menino de 4 anos e meio

Sala de espera.

A mãe conta que ele tem feito muito xixi na cama. "Esta é a última calça que ele tem. Hoje não vai brincar com a cola!". Diz isso com aquele tom metódico e pragmático de sempre. Ao receber essa demanda de cumprir algo já estabelecido por ela, lido com uma situação que, aos poucos, transforma-se em mim na questão de como lidar com uma mãe muito aflita e frustrada com os imprevistos da vida. Fico pensando que ela, provavelmente, deixou de lado a questão do aprendizado do controle esfincteriano de Tom, que, como consequência, ficou atrasado (sem ter sido pensado). Vejo que ele permanece ativo dizendo no ouvido da mãe coisas que ela deve me dizer. Ele me diz para ficar parada, enquanto ele vai para a sala. Antes de ir para a sala, a mãe acrescenta que Tom pede para ela ficar parada de costas enquanto ele tem duas tesouras na mão, "imagina, que susto!".

Tom diz que posso vir, corre e entra na sala me deixando perto da porta – que fica entreaberta –, no corredor do lado de fora (coisa que tem feito com certa frequência). Seleciona objetos de dentro da sala que são jogados para fora. Dessa vez, não o faz de forma violenta. Aparece um pequeno carrinho vermelho de plástico. Eu digo "oi" e converso com o carrinho dizendo que sai lentamente, como a querer ver se está tudo bem, mas logo ele é atingido por um pequeno bloquinho de construção e por um dinossauro verde que urra "garganta para fora" da porta. Eu vou entrando na "brincadeira", narrando a selvageria daquela situação tão assustadora que é tentar sair de "dentro" à procura de um contato. Ele vai para dentro da sala e faz algo diferente. Ao escolher os objetos, percebo um cochicho, uma espécie de confabulação que, aos poucos, cria corpo. Vou comentando baixinho que ele está numa conversa com ele mesmo para saber o que mandar para fora da sala (seria para mim?).

Ele passa cola na porta. A cola tem mais a função de um toque sensorial do que de colar (Bick, 1968). Ele introduz a cola dentro da fechadura e me pede para entrar e ver. O gesto com a mão me lembra aquele movimento das crianças para fazer tchau e, ao mesmo tempo, pegar algo, ficar com algo, alcançar (eu para dentro dele?).

Ele me diz para eu segurar os pedacinhos da cola que vai tirando com a tesoura. Depois diz para cortar o pino que fica dentro da cola e que está atrapalhando. A cola acabou. Ele pede para pegar guardanapos para limpar a minha mão, acrescenta que já limpou a sua na roupa. Penso que, para ele, ficar comigo é poder fazer as coisas que a mamãe não quer que ele faça: coisas proibidas (o vínculo de proximidade e a excitação que demanda). Parece que está sempre à espreita para ver como eu lido com ele ou como eu faria com sua mãe. Nesse sentido, parece-me bastante perspicaz, o que me fez refletir inúmeras vezes sobre como vai lidar com a mãe dentro dos seus 4 anos.

Subitamente, tenho um *insight*: a propaganda da menina da margarina Doriana. Tão bonitinha e pequenina, aparentemente frágil, mas que, de repente, abre um bocão e devora a torrada inteira. Sou "arrancada" desse *insight* por uma atitude sorrateira de Tom. Estou de costas para ele quando percebo sua tentativa de cortar os meus cabelos. Lembro-me do que a mãe contou na sala e nós dois ouvimos. Quando me viro, ele tem um olhar divertido. Percebo a fantasia intrusiva, seu prazer com uma certa agressividade nada inocente, talvez com sentido mais perverso, e a sua estratégia para neutralizar a analista. Noto que ele consegue, pois permaneço surpresa e digo a ele que não dá para cortar meus cabelos, embora ele queira muito. Talvez o sentido não seja apenas cortar para tirar, mas também para possuir. Então ele fica "bravo", vira-se e cruza os braços. Vai para o armário, abre a porta com força e pega uma tesourinha rosa, que alguém deve ter esquecido. Digo que ele quer entrar com tudo dentro de mim e se apropriar das minhas coisas, pois está muito zangado porque não o deixo fazer tudo o que quiser: "Como é que tudo não é meu? Eu quero tudo, na hora que quiser e ponto! O armário é a Anne Lise!". Peço para me devolver a tesoura (que não é nossa). Ele se esconde atrás de um pé da mesa e fica me espiando. Penso numa situação de desarmamento, como é difícil esse momento em que estamos sem saber o que fazer. Des-amar para não ficar exposto, na mão de alguém? E se estamos um na mão do outro? E agora? Para continuar, precisamos nos desarmar (que paradoxo!). Ele me devolve a tesoura como se fosse uma negociação de um refém.

Começa, então, a jogar com fúria pedacinhos de massinha e outras peças pequenas que voam rente ao meu corpo. "Que bom-bardeio! Agora é guerra mesmo!", comento e recolho os pedacinhos, colocando-os dentro da caixa que ficou entre nós. Quando um pedaço de massinha cai dentro da caixa e faz um barulho, ele ri divertido e me pede para passar os outros pedacinhos, que vai mirando na caixa. Agora virou uma brincadeira entre nós.

No final da sessão, quando parecia haver se instaurado um clima de colaboração, para a minha surpresa, ele me pergunta da tesoura que falta. Digo-lhe que a guardei. Então, levanta-se furioso e sai da sala sem me cumprimentar.

Era uma casa muito engraçada...

Era uma família que precisava de regras muito rígidas e bastante claras para manter as fronteiras entre os pais e as crianças, como alguém que não pode deixar em momento algum a porta aberta. Eles eram, nas suas relações, assépticos e pragmáticos, dava-me a impressão de uma família de enfermeiros: o filho menor de um ano come com a babá, o maior – meu paciente –, que tinha 3 anos na época em que o conheci, come com a mãe, o marido come sozinho. As funções maternas e paternas também eram divididas como se entre ministros do interior e do exterior. A mãe sempre no comando excluía o pai que estava sempre trabalhando. Era essa a vida naquela casa muito engraçada, um ir e vir dividido apenas pelas exigências de um cotidiano superegoico, desprovido de significado.

A família trabalhava no ramo alimentício, leite, sorvete, lanches. Tom "resolve" então lançar mão de uma carta poderosa. Começa a selecionar minuciosamente o que vai comer. E, quando eu o recebo, ele quase não come.[3] Seleciona sua comida por cores e formas. Está com a altura e o peso muito abaixo de sua idade. Passa a maior parte da tarde dormindo (economizando energia?). Sua aparência é de um anjinho que acabou sua fase de bebê. Atrás da aparência angelical, existe um menino que não deixa os pais viajarem em paz e, socialmente, dá muito trabalho. Com o passar do tempo, entretanto, começa a comer e seu comportamento melhora muito.

Depois de menos de um ano, antes das férias, a mãe quer que eu conclua a análise de Tom em um ano e meio, como alguém que

---

3 Gianna Williams (1994) descreveu a síndrome de proibição do acesso na vivência contratransferencial do analista com pacientes que sofrem de distúrbios alimentares: "é provável que uma criança se sinta mais porosa às projeções e deva proteger-se ainda mais" (p. 152). "Em numerosas observações de recém-nascidos notam-se dificuldades na criança de se alimentar quando a mãe coloca dentro dele ansiedade não metabolizada junto com leite" (p. 148).

propõe um bom negócio: "Faça isto por mim!" ela insiste. "Você está pedindo o impossível", eu respondo. Fico com a identificação projetiva exitosa da mãe, que me deixa bastante preocupada, e com a sensação de não ter tido conversa, de não ter sido escutada. Ela volta das férias e senta-se no meu sofá contando tranquilamente ter decidido permanecer mais um ano. Dali a seis meses ela aparece de novo, dessa vez com o marido, aparentemente reconhecendo o nosso trabalho por meio dos progressos do menino, que agora come de tudo e é uma boa companhia. Mas que belo engano quando eles questionam, diante desses progressos, a necessidade da análise e se ele não seria igual a qualquer outra criança! Isso desperta em mim a sensação de falar, até me esgotar, com um muro. Depois da nossa conversa, decidem permanecer por mais seis meses. Assim continuo na "corda bamba", comprimida no espaço, sem saber por quanto tempo ainda a nossa dupla sobrevive: agruras.

O criador literário (poeta) e a fantasia

> *Acaso não poderíamos dizer que, ao brincar, toda a criança se comporta como um escritor criativo (poeta), pois cria um mundo próprio, ou melhor, reajusta os elementos de seu mundo de uma nova forma que lhe agrade? Seria errado pressupor que a criança não leva esse mundo a sério; ao contrário, leva muito a sério a sua brincadeira e dispende na mesma muita emoção. A antítese do jogo não é o que é sério, mas o que é real (Freud, 1908/1996e, p. 149).*

Às vezes, sinto as famílias como verdadeiras *Ilíadas*, guerras sem sentido e fim, promovidas por feridas narcísicas de pais que desejam possuir o comando de situações desconhecidas, que poderiam se tornar descobertas únicas e em parceria! No lugar de aprender com a experiência emocional, ficam buracos, *tristeza e melancolia que não sai...* Desamparo. Seria necessário, *a priori*, um trabalho com a família para introduzir um espaço mental para que a mente da criança e, consequentemente, suas análises pudessem ser consideradas. Mas o que fazer quando a família não está disponível?

A família de Tom parecia-me empobrecida, não entrando em contato, evitando o *phantasiar* (Isaacs, 1948/1986)[4] ou o "místico", isto é, aquilo que leva a uma expansão do continente, à criatividade no grupo e no interior do próprio indivíduo (Bion, 1970). Outro vértice, com base nas ideias de André Green em *Narcisismo de vida, narcisismo de morte* (1988), seria pensarmos que o ambiente familiar não facilitava a passagem do narcisismo primário para o secundário.

Nesse sentido, podemos pensar que a análise seja sentida por esses pacientes como algo que, embora os beneficie justamente no instante em que parecem se dar conta disso, é contrária à sua própria vida ou ao sistema que eles mantêm para viver. Estamos diante de um verdadeiro paradoxo!

O apropriar-se da própria mente

Em texto apresentado no Congresso de Bion em 2008, em Roma, Antonio Sapienza reflete que a função alfa está presente desde o momento em que se instala a *angústia catastrófic*a e como se manifestam os momentos de pânico que requerem fineza das funções de continência com *reverie*. "Pensamentos selvagens, vindos da realidade última (O), bombardeiam a criança, que, sem conseguir pensá-los,

---

4 Em "A natureza e a função da fantasia", Susan Isaacs (1948/1986) parte do pressuposto de que a "expressão mental do instinto é a fantasia inconsciente. A fantasia é o corolário mental, o representante psíquico do instinto" (p. 96).

permanece pega pela angústia de morte. Passa então a buscar quem possa pensá-los, demandando um funcionamento competente do continente com *reverie*" (Sapienza, 2008, p. 2).

Bolognini (2008a) ressalta o quanto é necessário, na clínica, um longo trabalho introdutório para a constituição de um espaço intra e interpsíquico imprescindível para a elaboração representacional. Mais do que em interpretações abstratas, a expansão do espaço psíquico requer também o "compartilhar a experiência, quando esta função não tenha sido realizada primariamente de maneira suficiente por quem criou e formou funcionalmente a criança" (Bolognini, 2008a, p. 8). O autor cita autores como Kaës (1998), que descreveu essa disfunção como uma modalidade de transmissão "transpsíquica" em que, faltando o espaço transicional, a mente não pode transformar e tornar próprio o que recebe do outro. A criança não vive na intersubjetividade, ou nos vínculos familiares, a possibilidade de uma experiência emocional de um espaço disponível para colocar o "criado-encontrado" (Winnicott, 1967/1975). Essa experiência de fusão com o objeto permite fornecer ao indivíduo uma estabilidade, uma integração e a possibilidade de sustentar-se (Bonaminio, 2007).

A tarefa de sustentar, compartilhando a experiência emocional, era o que o meu trabalho com Tom demandava.[5]

---

5 A criança pequena parece possuir uma noção (contato) muito precisa da condição humana de solidão e de dependência, da escuridão da alma: "Eu acho que mesmo o recém-nascido – ainda que não possa verbalizá-lo – se sente dependente e se sente inteiramente só... [Isso] é alguma coisa de que o analista deve tentar fazer o paciente se conscientizar. Porque é algo de que o paciente ou se esqueceu, ou nunca foi consciente" (Bion, 1978, p. 1). Observei que peixes e o mundo do fundo do mar parecem despertar o interesse das crianças. Certa vez, um paciente de 9 anos disse ter ido ao Museu Oceanográfico da USP. Lá havia um enorme caranguejo descoberto apenas porque boiava no oceano perto do Japão. O oceano era tão profundo que não permitia a investigação pelos mergulhadores, em virtude da forte pressão e da intensa escuridão. Meu paciente comentou que o caranguejo possuía as mesmas medidas da nossa mesa!

E agora José? O que fazer na hora do "vamos ver"?

Aprendi com Tom a não me adiantar. Eu teria de deixar de lado as minhas próprias teorias ou o meu próprio senso comum com muita disciplina e paciência para não ir pulando degraus. "A busca do senso comum (de um O comum), a base da investigação, para quem acha que a análise vai tendo um sentido na experiência fugaz de cada momento".[6]

Precisei pensar e refletir a respeito de um *setting* para uma criança tão tolhida de espaço emocional, de exploração em sua casa. Precisei, em algumas horas, ser mais elástica, por exemplo, quando Tom abria o armário onde estavam suas coisas, ou ainda em algumas sessões em que levava algum brinquedo de sua caixa. Ele chegou a me dizer que eu ficaria sem nada e que aí teria de ir à casa dele. O ir e vir dos brinquedos e dele mesmo era trôpego, como um astronauta que pisa em solo lunar pela primeira vez. Essa era a imagem que me vinha algumas vezes no seu entrar na sala, parecia um bebê pisando o chão como para prová-lo. O andar pelo corredor entre a sala de espera (mãe) e a sala de atendimento (Anne Lise)[7] era extremamente difícil e entrecortado, mas desejoso. Eu teria de nutri-lo a conta-gotas, ficar próxima sem assustá-lo. O corredor tornou-se uma espécie de espaço expandido da sala de atendimento, como um lugar construído e necessitado por ele naquele momento. Era onde deixava "correr a dor" de estar juntos, fundidos ou separados, um lugar bem explorado pelo meu pequeno paciente. Estávamos construindo um espaço transicional?

---

6 Antonio Carlos Eva, comunicação pessoal no Seminário Eletivo "Atenção e Interpretação", da Sociedade Brasileira de Psicanálise de São Paulo (2005-2008).

7 Era interessante a maneira como Tom dizia o meu nome, ora ele o emendava, ora tirava o início. Às vezes, o som parecia como se Tom o "sorvesse" realmente.

Pouca métrica para muita emoção!

> Tom tem 3 anos
> No início
> E, para a minha surpresa, ele entrou rapidamente
> Abertamente, comigo na sala.
> Até que um dia
> Parou, olhou-me bem e quis sair.

Passamos algumas sessões num espaço intermediário. A janela de vidro da sala dá para um balcão com plantas num pequeno espaço fora da sala. Dali avistava o interior da sala, sua caixa de brinquedos. Esse espaço ultrassonográfico foi útil para um novo aprofundamento do nosso vínculo, menos maníaco, mais verdadeiro. Ele ia e vinha até que em uma sessão pôde retornar para dentro da sala.

> Até que
> Parecia mais à vontade.
> Os nossos encontros fluíam bem.
> Quando, de repente, ele parou.
> Olhou-me, disse que queria sair.

Diante da minha explicação de que era impossível termos o nosso encontro se ele não ficasse na sala, ele se virou de costas, contra a parede. Pensei: será que está vendo alguma coisa? Parecia encenar (sua mãe?) com uma carinha muito, muito zangada.

Nessa hora de "saia justa", sem saber que rumo tomar, veio-me a frase escrita no muro da PUC:[8] "Vá dormir com este barulho!!!".

Ele começou a gritar. Seu corpo era teso; sem me olhar, dirigia-se à parede.

---

8 Pontifícia Universidade Católica de São Paulo.

Fiquei paralisada, olhando a parede da sala sem entender o que se passava. Até que "vi" nossas sombras na parede como se fossem pictogramas da caverna de Platão. Naquele instante de impasse, diante de uma escuta que me parecia possível apenas num nível sensorial, decidi, então, falar alto, tentei acompanhar sua entonação reproduzindo sua sonoridade. Só que tentei com algumas palavras ou possíveis sentidos buscar uma representação para aquilo que era, para mim, tão inusitado (talvez para ele também!).

Ele gritava, eu "gritava". Falei alto, contra a parede: "Alguém aí, pega este barulho que está saindo do Tom!". Depois: "Pega aí, ele não suporta mais!". Observei sua reação. Era divertida, como alguém que já relaxou e grita ainda mais alto. Então continuei: "Anne Lise, pega este barulho do Tom para que ele possa ficar descansado!". Ele riu para mim e se deitou na almofada, continuando a gritar tranquilamente. "É para eu pegar estes gritos, estes berros que saíram de dentro de você", acrescentei. Não sei dizer como os berros foram se transformando em música e, no final da sessão, estávamos cantando "deixa o bebê dormir sossegado...".

Quando abrimos a porta, estavam as duas secretárias estateladas, estarrecidas e curiosas enquanto a mãe continuava lendo o jornal; aparentemente não tinha ouvido nada na sala de espera! (fato impossível pela disposição do espaço do consultório).

Aumentando a métrica

Em seu artigo "Trabalho do negativo", André Green (1993), ao realizar uma leitura atenta de "A negação", de Freud (1925/1996m), examina o destino das moções orais do comer e cuspir, ligando num nível primitivo o não ego (recalque) ao não id (moções pulsionais). Ele conclui que, na incorporação, assim como na excorporação (o mecanismo prévio da identificação projetiva), não existe, a princípio, um limite de dentro e fora e, ainda,

> *não [se] supõe objeto algum no espaço que recolhe aquilo que é expulso. Nós podemos perguntar se, desta maneira, os produtos da expulsão não desapareceriam... Só existiria uma ideia de uma expulsão para o mais longe possível (p. 2).*

André Green (1993, 2000) ressalta ser essencial para que se construa o ego do bebê, o qual lhe permite dizer sim para si mesmo, que a mãe aceite que ele possa lhe dizer não, não somente sob a forma do "você é má", mas também, em certas ocasiões, do "você não existe". "Isto se manifesta na análise não somente pelas projeções hostis sobre o analista, mas também pelo fato de colocá-lo distante, longe, e, em certos momentos, no extremo, devido à exclusão do objeto da transferência" (Green, 1993, p. 26).

Raquel Goldstein (2008) enfatiza que o pensar humano no começo da vida se dá

> *outorgando movimento e calor, numa feliz combinação de alucinação e percepção, trabalho que vai criando a ilusão de vida animada, levando a habitar gradualmente uma dimensão distinta do subjetivo e do real objetivo: a dimensão da cultura. ...Este algo familiar que permite à criança sustentar o estado psíquico mental de "é e não é" anuncia uma sinistra realidade, o objeto sonhado na experiência de satisfação esteve sempre perdido como tal, nunca foi de fato "este outro" (pp. 1-3).*

58 AGRURAS NA BUSCA DA EXPERIÊNCIA EMOCIONAL...

Essa autora enfatiza, nos casos difíceis da clínica atual, como a esperança do analisando se manifesta na aposta libidinal do analista,[9] capaz de desejá-lo e de suportar seus estados de ansiedade desintegrativos – Bolognini (2008a, 2008b) equipara a análise de crianças pequenas aos casos graves de adultos. A aposta libidinal estaria no lugar da transferência nas análises de neuróticos (Goldstein, 2008). Por outro lado, o sim do analista abre a possibilidade de tolerar um *não*, o que poderia conduzir ao ingresso no processo secundário.

Essas questões de sim/não na minha relação com Tom eram delicadas. Parecia que eu criava, continuamente, um espaço nosso, cuidando para não ser demasiadamente permissiva ou excessivamente restritiva (corre-dor). Isso exigia de mim muita vitalidade.

Para Tom as regras não estavam inseridas no vínculo e, ainda menos, na experiência emocional integrada, portanto, eram apenas formatos. Parecia-me que o prazer vinha exclusivamente pelo prazer, sem a inserção e a continência num vínculo intrapsíquico e interpsíquico ou num contexto real que pudesse proporcionar uma vivência mais estável e duradoura do que meramente a sensação perversa de estar usurpando, roubando, logrando a regra de alguém. Cabem aqui os conceitos de *pulsão de morte* e *pulsão de vida* equilibrando-se complementarmente, da segunda tópica de Freud (1923/1996d), no sentido de que se faz necessária a *pulsão de morte* para o registro dos traços mnêmicos, ou seja, da experiência emocional que se realiza na condição da presença do outro. Assim, várias vezes ele me pedia: "me dá um pouco de açúcar? A mamãe não precisa saber!".

Tom corre para a sala batendo a porta. Eu ouço a caixa caindo da mesa e comento: "Puxa! Fiquei aqui fora! Que barulhão você está fazendo!". Ele abre a porta calmamente, convidando-me a entrar.

---

9 Aqui cabe a noção de "reclamação" de Anne Alvarez (1992) e o trabalho de Celia Fix Korbitvcher (2001) sobre os momentos de retirada autística em pacientes necessariamente não autistas.

Entro num cenário em que os brinquedos estão todos espalhados no chão e penso que o nosso encontro suscita um grande barulho, talvez explosão de emoção – é função da dupla, como ressalta Bion. Comento: "Olha só o cenário que você quer que eu veja!".

Contrastando com tudo aquilo, Tom faz uma vozinha doce, quase de bebezinho, e pede: "vai buscar um pouquinho de açúcar para mim, Annelise?". Digo que não posso, que sua mãe proibiu, e tento conversar com ele sobre o sentido que aquilo tem. Digo que sinto ser penoso para ele sentir-se perseguido por formas achatadas, sem sentido nem cuidado.

Penso, num esforço para aproximar-me, que estou sendo "peda-gógica" e permaneço nesse momento como quem observa de fora, quase impotente, sua reação.

Ele revida: "Vou amarrar o seu trem na mesa!". Verifica que embaixo do trem tem um pedaço de massinha que colocou no dia anterior. Pede que eu o ajude a dar o nó no barbante para poder amarrá-lo ao pé da mesa. Nessa dança tento aproximar-me nova-mente. Vou fazendo o que ele me pede com extremo cuidado, pois entendo o quanto é importante, quase urgente, realizar do seu jeito, sem me adiantar.

Enquanto o meu trem fica amarrado, o dele fica solto. Ele me convida para entrar embaixo da mesa, onde se desenvolve toda a brincadeira. Pede para alcançá-lo. Comento: "Ah, eu não consigo, estou aqui amarrado, enquanto você está solto andando por aí!". Ele sorri divertido. Então, vem com o seu trenzinho passando por cima do meu barbante, dizendo "o seu trem tem pipi, o meu não!". "Ah", eu respondo tentando entender, "o seu trem não tem pipi, por isso ele é mais poderoso e pode andar por aí?". Ele responde: "Sim, o meu é o mais forte, o mais poderoso! E vou poder ir ao mercado comer todas as salsichas!".

Penso nessa imagem tão poderosa. Sou pega pelas minhas teorias de castração, de objetos parciais, aquilo tudo é um "prato cheio"! Entretanto, decido "voar baixo", tentar permanecer próxima ao meu pequeno paciente, na personagem que ele me impõe, e pensar em como seria possível uma conversa.

"Vem você também, Annelise!", ele convida. Diante dos meus esforços e comentários a respeito da minha impotência, ele olha para mim de um jeito diferente. Seria compaixão? "Amarra o meu trem, 'Nelise', junto com o teu", propõe. Ficamos num fio só de barbante, a distância com o pé da mesa é sem dúvida maior. O trem dele chega ao mercado, embora o meu ainda não consiga alcançá-lo. Ele olha-me surpreso e divertido pela dificuldade inesperada que eu encontro. Comento, tentando encontrar um tom para atribuir a emoção: "você consegue, mas eu ainda não!". Tom mantém sua exploração ativa o tempo todo, com o tom de "aqui quem manda sou eu" imperando. Vamos explorando as distâncias, a posse e a liberdade. No final da sessão, ele resolve cortar os barbantes, mas me deixará ligada "ao pé da mesa" ainda muitas vezes.

"Cadê o toucinho que estava aqui?"

O chão da sala em que atendo é preto salpicado por pontinhos brancos; lembra-me, às vezes, o universo com seus buracos brancos, a escuridão da alma.

Algumas vezes, Tom quis colorir os brancos. Um dia me diz: "não está vazio, mas cheio!". Eu respondo, surpresa: "é mesmo, não precisa estar vazio, mas pode estar cheio". Ele responde: "se eu cair no buraco, você me segura?". Eu digo que "sim, tentarei" (fé!?), e ele descobre um buraco e coloca uma caneta dizendo: "aqui eu plantei uma árvore".

Refletindo sobre a função analítica como a busca de um espaço para pensar a experiência emocional, creio que, no início do relacionamento com nossos pacientes, é necessário construir o "corredor", uma expansão do conhecido, da nossa psicanálise. Talvez a fala do analista deva ter ingredientes, como a bossa nova: algo novo "dissonante", que inclui os "desafinos" (e os desafios) e que não exclui a turbulência. Um convite para construir algo compartilhável, comum, que deve fazer sentido para a dupla. É, portanto, um investimento do analista que cria uma "conversa", propiciando (expandindo) *atenção* e *notação*, principais conquistas da função alfa para Bion (1965).

> *A relação entre teoria psicanalítica intuitiva e a experiência clínica, que considero uma sua realização, representa conjuntamente uma progressão semelhante àquela contida na criação poética (emoção recordada com tranquilidade) (Bion, 1965, p. 139).*

Indagações

> *Em dez de julho de 1958 João Gilberto gravava o compacto* Chega de saudade e Bim Bom. *Nele, estava registrada a revolucionária batida de violão,* o canto quase falado, livre de todos os excessos, *a riqueza melódica que caracterizava a Bossa Nova. Esta música revolucionária nasceu de encontros na praia, da poesia, do samba, do jazz e da música clássica (Exposição Bossa Nova na OCA, 2008, grifos meus).*

Gostaria de "finalizar" este texto com algumas reflexões a respeito da experiência emocional com a qual se ocupa o analista. Ela não é algo "dado" *a priori*, intrínseco àquele encontro, mas algo a ser evoluído uma vez iniciado cada encontro. O interesse, explicitado no título deste trabalho, é a busca das emoções que surgem na sala de análise, na dupla, com base nas próprias agruras intrínsecas ao analista, de captar a experiência e comunicá-la, e de seu analisando, ao ampliar para o vértice extrínseco, o grupo de fora, a família, o contexto sociocultural e assim por diante. O analista precisa estar atento a esses dois campos. Para tolerar e suportar estados primitivos do não comunicável, da não integração, e estados de catástrofe será necessária a construção de um espaço mental envolvendo a *reverie* ativa do analista, com disponibilidade para estabelecer uma parceria para que se desenvolvam pensamentos. Nesse caso, o analista teria de abdicar dos desejos de compreensão, de entendimento, de revelar o que está por trás de tal comportamento para poder aguardar até que algo se configure naquele momento: "Chega de saudade!". Essa é uma dificuldade enorme: permanecer no desconhecido e participar daquela experiência emocional com a criança. A poesia do inefável seria suficiente diante dos momentos de "aperto" que encontramos na clínica?

3. Das nuvens e dos relógios: uma reflexão pessoal acerca do método psicanalítico[1]

The way I do psychoanalysis is of no importance to anybody excepting myself, but it may give you some idea of how you do analysis, and that is important.[2]

Bion (1976/1987, p. 224)

Se o método científico que adotamos como psicanalistas não é o método positivista clássico, com o que trabalhamos? Quais seriam as nossas evidências?

Procurei, neste texto, alinhavar algumas ideias acerca dessa questão, mais propriamente, introduzir uma reflexão pessoal acerca dos elementos que compõem o estilo do analista. São questionamentos permanentes derivados da clínica do cotidiano e de suas

---

1 Trabalho inspirado no comentário apresentado pela autora no grupo de estudo Supervisões de Bion, coordenado por Gisele de Mattos Brito, na data de 20 de junho de 2015, porteriormente publicado em: *Jornal de Psicanálise*, 50(92), 163-180, 2017.

2 "A maneira como faço a psicanálise não tem importância para ninguém, exceto para mim, mas pode dar uma ideia, ao analista, de buscar o seu modo de fazer análise, e isso é importante".

teorias subjacentes e, como não poderia deixar de ser, a respeito da influência da personalidade do analista em seu estilo de trabalho. Penso que manter a dúvida é o método do psicanalista, sua autodisciplina. A oportunidade de auto-observação e de aprendizado nas relações teórico/clínica, analista/analisando, sujeito/objeto é o lugar do conhecimento, ou seja, são dimensões inseparáveis que podem, ou não, ser percebidas e estudadas. Em psicanálise, como em outras ciências, o conhecimento e o conhecedor estão autoengendrados e, portanto, sempre em construção, em busca da descoberta. O conhecer é uma relação contínua.

Karl Popper, em "About clouds and clocks", conferência em homenagem a Arthur Holly Compton proferida em 1965, pretendeu oferecer uma metáfora na tentativa de solucionar o eterno dilema a respeito da apreensão do conhecimento pelo par aleatório e/ou determinismo ou, na terminologia kantiana, por razão pura/razão prática. A questão focalizada na época, e que ainda nos interessa, acerca da natureza do fenômeno mental é: se determinados fenômenos da nossa vida cotidiana podem ser explicados e conhecidos por ideias, regras ou critérios, por exemplo, de causalidade – recurso necessário para organizar e publicar nossos pensamentos –, isso parece que não ocorre na observação de estados mentais, sentimentos, vontades, decisões. Estas últimas, aliás, aproximam-se mais dos conceitos físicos elementares empregados na física atômica que daqueles da mecânica clássica (Ara, 2006; Popper, 1965). Penso que a analogia de Popper corresponda ao problema enfrentado pelo psicanalista e sirva para nós como ilustração/modelo de como trabalhamos: ora com o que conseguimos representar, simbolizar e conhecer; ora com uma expressão possível daquilo que é inacessível, irrepresentável; segundo o paradigma bioniano, transformações em conhecimento (K) e transformações em ser (O). Ambas as dimensões estão numa interação dinâmica e são necessárias para o trabalho do analista, por constituírem seu método de aproximação à verdade. E "verdade" em psicanálise é a capacidade de atribuir significado pessoal à experiência emocional, algo inefável. Assim, nesses momentos únicos numa análise, ou em nossas vidas, nos quais um novo conhecimento se encaminha, sentimos uma aproximação a uma dimensão mais abstrata, campo das ideias, a uma dimensão afetiva, dos sentimentos e dos sentidos. Algo, uma ideia, nos parece mais verdadeiro quando acompanhado por sentimentos; é pela emoção que busco nomear o que sinto: vivo!

Desenvolvo a seguir algumas reflexões que surgiram com base em uma leitura pessoal e não necessariamente na proposta realizada pelo autor naquele momento histórico da psicanálise. Essa é uma leitura "entre//linhas". É a revisitação dentro do contexto da psicanálise atual e pessoal à uma distância de mais de 100 anos. Realizo esse esforço para iluminar o percurso a respeito do método e do estilo do analista que pretendo percorrer e ilustrar. Nele, evidencio meu próprio método e/ou estilo.

Pano de fundo

Saxa loquuntur [As pedras falam].
Freud (1896/1996h, p. 218)

Grandes pensadores – compositores –, como Freud, Klein, Winnicott, Green, Ogden, Bion, entre outros, nos ofereceram a extraordinária oportunidade de "vê-los" enquanto trabalhavam. Expuseram a si mesmos, seu sofrimento, na descoberta do estilo próprio de cada um. Freud, por exemplo, muitas vezes pôs em discussão seus próprios princípios empenhando-se em discutir seus preceitos sob um novo vértice. No constante recomeço, nas narrativas-sonhos com seus pacientes, o interesse pelo conteúdo foi dando espaço à comunicação estética, à escuta da verdade poética do inconsciente: *Saxa loquuntur*, a verdade se impõe, fala por si...

Com o passar dos anos, a neutralidade do analista deu espaço aos recursos próprios de sua personalidade e uma maior relevância foi sendo atribuída à experiência emocional do encontro, de cada sessão particular. Acompanhando esse movimento, o texto psicanalítico emerge revelando seu objeto, despertando no leitor aquilo que o escritor tinha em mente. O autor utiliza como método a dúvida sistemática e, para tanto, a própria experiência escrita como veículo de expressão da vida psíquica: autopoiese. Poesia, a escrita-testemunha, tem êxito ao manter uma certa ambiguidade (Civitarese, 2007), elemento próprio do contexto onírico. São textos inimitáveis, ideias sensíveis, do analista investigando e se autoinvestigando, oscilando dos preceitos mais gerais ao mais particular e vice-versa, incansavelmente.

Pela escuta do não audível: a atenção flutuante

Em 1912, no texto "Recomendações aos médicos que exercem a psicanálise", Freud introduziu a noção de uma escuta que não privilegia um conteúdo específico; é a busca pela "escuta" da comunicação inconsciente pela atenção flutuante. Diz ele sobre isso:

> *Consiste em simplesmente não dirigir o reparo para algo específico e em manter a "atenção uniformemente suspensa" em face de tudo que se escuta... Ver-se-á que a regra de prestar igual reparo a tudo constitui a contrapartida necessária da exigência feita ao paciente, de que comunique tudo o que lhe ocorra, sem crítica ou seleção (Freud, 1912/1996n, pp. 125-126).*

Nos primeiros momentos da cena de abertura de Hamlet, escuta-se um som vindo da escuridão fora dos muros do palácio. O guarda indaga, "Quem está aí?". Como um acorde dissonante inicial de uma obra musical, a pergunta, "Quem está aí?", reverbera sem solução através de toda obra (Ogden, 1996, p. 11).

Onde a identidade se apoia? Freud realizou um notável esforço para fundamentar suas descobertas no contexto científico de sua época, entretanto, concomitantemente, sempre esteve presente no texto freudiano aquilo que não é para ser interpretado. O desconhecido, não acessível pelo conhecimento, o irrepresentável, o estranho, pode ser aproximado pela atenção flutuante do analista, por meio da poesia, da estética:

existe um lugar em todo o sonho no qual ele é insondável. Um umbigo por assim dizer que é seu contato com o desconhecido. . . . É num certo lugar em que esta malha é particularmente fechada que o desejo onírico se desenvolve, como um cogumelo de seu micélio. O obscuro do sonho a ser deixado sem interpretação (Freud, 1900/1996l, p. 557).

Interpretar o sonho não é mais proposta de entendimento. O inconsciente, focalizado em seu atributo de "infinitude", é a verdadeira realidade psíquica. É preciso não se apoiar apenas em conteúdos passíveis de serem conhecidos, mas em transformações da realidade psíquica. Essa concepção posiciona a psicanálise como ciência em evolução, cujo campo está sempre em expansão, por exemplo, na ideia de que é pelo inconsciente que surge o sentido do sonho, e não o contrário. Somos movidos pelo mistério e precisamos encontrar "psico-alojamento" (Bion, 1979a) para essa condição de imprecisão, algo passageiro, às infinitas possibilidades de nosso inconsciente. Essa dimensão do irrepresentável ganha maior expansão na segunda tópica (Freud, 1937/1996c), embora, numa leitura mais atenta, percebamos que ela tem sido presente, mesmo sem ser focalizada diretamente, desde a primeira tópica.

Freud assevera: "Assim como nossa construção só é eficaz por recuperar um fragmento perdido de experiência, também a ilusão do paciente deve seu poder convincente ao elemento de verdade histórica que o insere em lugar da coisa rejeitada" (Freud, 1937/1996c, p. 268).

Pela personalidade, urgência de si mesmo

Citando os dotes pessoais de Charcot, Freud comenta o relacionamento entre a personalidade e a metodologia de trabalho de seu professor:

> *Não era um homem excessivamente reflexivo, um pensador; tinha, antes, a natureza de um artista – era, como ele mesmo dizia, um "visuel", um homem que vê. Eis o que nos falou sobre seu método de trabalho. Costumava olhar repetidamente as coisas que não compreendia, para aprofundar sua impressão delas dia a dia, até que subitamente a compreensão raiava nele. Em sua visão mental, o aparente caos apresentado pela repetição contínua dos mesmos sintomas cedia então à ordem: os novos casos nosológicos emergiam, caracterizados pela combinação constante de certos grupos de sintomas (Freud, 1893-1895/1996g, p. 22).*

Então, acrescenta: "Eu aprendi a colocar rédeas nas minhas tendências especulativas e a seguir o conselho de meu mestre Charcot, ou seja, observar as mesmas coisas uma vez mais, e outra vez ainda, até que elas mesmas começassem a falar" (p. 22).

Braga (2018b) observa nessa recomendação de Charcot citada por Freud a concomitância, quando existe a condição do analista, dos caminhos do conhecer e do ir sendo a realidade – o dia a dia do psicanalista.

Outro aspecto essencial dos autores da psicanálise é focalizar o interesse na vida mental, algo imaterial, que não se presta exclusivamente a dados anamnésicos tão valorizados pelos médicos, ou fatos externos à personalidade. No sétimo capítulo de *A interpretação dos sonhos* (1900/1996l), Freud atribui à consciência a função de órgão sensorial para a percepção das qualidades psíquicas. No artigo "Formulações sobre os dois princípios do funcionamento mental" (1911/1996i), o autor vincula a "consciência às impressões sensoriais" enfatizando a maneira única, absolutamente pessoal, com a qual cada um percebe a realidade:

> *uma função especial se instituiu para, periodicamente, pesquisar o mundo exterior, de modo que suas características já fossem conhecidas, ao surgir uma necessidade interior premente. Esta era a função da atenção. Sua atividade vai ao encontro das impressões sensoriais, ao invés de esperar que se manifestem (p. 15, grifos meus).*

O conhecimento é, portanto, uma urgência do próprio sujeito que o leva a estabelecer um relacionamento entre fenômenos anteriormente dissociados: a necessidade de atribuir significado é "psico-lógica". Assim, não é possível distinguir com clareza a fronteira exata entre mundo externo e mundo interno; estes são interdependentes. Em outras palavras, alguma coisa só pode ser vislumbrada a partir de um determinado lugar, (conhecido princípio da incerteza de Heisenberg, 1920) e, portanto, cabe explicitar o vértice da observação: a apreensão da realidade se dá no espaço indeterminado da praia psíquica, onde as ondas do mar terminam na areia, no contínuo vaivém.

Cesura

Em "Inibições, sintomas e angústia", Freud (1926/1996j) questiona o conceito de cesura como ruptura, o passado é *presente*, não pode ser esquecido, a vida mental é um campo de tensão intrapsíquica, cesura: "Há muito mais continuidades entre a vida intrauterina e a primeira infância do que a impressionante cesura do ato do nascimento nos permite acreditar" (p. 286). Essa concepção de uma mente multidimensional, como num palimpsesto, será aprofundada posteriormente por Bion (1965, 1966, 1976, 1976/1987) ao introduzir a ideia de vetor finito/infinito. A cesura é a expressão desse vetor e a atividade do analista se faz na tensão da oscilação contínua, como na manutenção de uma gangorra (Trachtenberg, 1998), entre a maneira como algo é representado, conhecido, e a possível aproximação sem memória e sem desejo de entendimento ao que acontece num nível indiferenciado, da não representação. A realidade psíquica ganha expressão: "o conceito de cesura indica que o psicanalista, na sala de análise, está em um estado transiente de tornar-se analista" (Trachtenberg, 2013, p. 63).

Pela fantasia inconsciente

"Os sintomas histéricos não estão ligados a recordações reais, mas a fantasias erigidas sobre a base de recordações" (Freud, 1900/1996l, p. 491).

A vida fantástica, algo inexplicável, inefável, ganha o campo da investigação psicanalítica. Freud abandona o rememorar das cenas concretas de sedução e investiga a satisfação do desejo inaceitável e reprimido para, finalmente, abordar fantasias primárias que nunca foram conscientes:

> *Impressionam-me por serem, por assim dizer, mais fluentes, mais ligadas e ao mesmo tempo mais fugazes que outras partes do mesmo sonho. Estas, eu sei, são as **fantasias inconscientes** que encontram seu caminho na tessitura do sonho e que jamais consegui fixar uma fantasia desta natureza (1900/1996l, p. 493).*

A ênfase é cada vez menos no concreto ou naquilo que já foi consciente e que se encontra reprimido. A fantasia/fantasiar como expressão daquilo que não pode ser mensurado, apalpado, visto, o inextenso; a mente "passeia" em busca de nutrimento de si mesma: "atividade que começa no brincar das crianças e, mais tarde, conservada como devaneio, abandona a dependência de objetos reais" (Freud, 1911/1996i, p. 222).

Dentro do pressuposto de que a apreensão da realidade se dá pela visão de mundo de cada um, Melanie Klein e seus seguidores expandem a ideia de fantasia inconsciente postulada por Freud, propondo a fantasia como emoção fundante do psiquismo permeando todo o mundo mental de relações objetais, desde o princípio. No artigo "A natureza e a função da fantasia" (Isaacs, 1943/1991), a autora parte do pressuposto de que a expressão mental do instinto é a fantasia inconsciente; "a fantasia é o corolário mental, o representante psíquico do instinto" (p. 96). Nos estágios mais primitivos, o ego já experiencia ansiedade cuja natureza é persecutória pelo medo de aniquilamento (Klein, 1952). A fantasia é primeiramente física, a introjeção é a incorporação de um objeto que satisfaz a necessidade, e a fome é sentida como perseguição. Experiências físicas são interpretadas como relações objetais em fantasia, dando-lhes significado emocional.

A busca pelo conhecimento, sua metodologia, inclui necessariamente o *phantasiar*, atributo substantivo/verbo (Isaacs, 1943/1991, 1952; Ogden, 2013) inerente à singularidade de cada um, sua atividade e suas fantasias primordiais, em contínua interação com seu meio, intrapsíquico e interpessoal. Em um certo sentido, a fantasia mais poderosa, e necessária, desde o início da vida mental é a identificação projetiva própria da posição esquizoparanoide. Nela, como sabemos, de maneira indiscriminada sujeito-objeto, a vivência, fantasia onipotente, é de liberação de um conteúdo próprio, muito penoso, cindido e expulso (projetado) no interior de outro continente, para fora de si mesmo. Melanie Klein relaciona esse mecanismo, tão primitivo e necessário à sobrevivência mental, ao instinto epistemofílico, método pelo qual o bebê "coloca sua sonda", investiga e conhece a si mesmo diante da presença de outro, numa relação, uma experiência primordial. Descreve minuciosamente as ansiedades, os correspondentes mecanismos de defesa e as várias maneiras possíveis de exploração no impulso relativo a novos alvos ou relações. Dessa maneira, "toda experiência externa está entrelaçada com suas fantasias e, por outro lado, toda a fantasia contém elementos da experiência real" (Klein, 1952, p. 77). Cabe ao analista a observação do método absolutamente pessoal: pela intrusividade, em sua concretude, por meio da fantasia de se apoderar de conteúdos do corpo da mãe, usurpando e saqueando, possuindo ou suportando a dor, ou pelo manejo ético que Melanie Klein denominou reparação. A fronteira da atividade de fantasiar entre alucinose (Bion, 1965) e a maneira de sonhar e pensar a realidade torna-se turva e se expande nas concepções de função alfa, *reverie*, trabalho onírico alfa e nas "conjecturas imaginativas" propostas por Bion e desenvolvidas por outros autores como recurso próprio do analista (Trachtenberg et al., 2014).

Observar a distância

Atribuo um grande avanço à observação sobre esse vértice: a atividade mental é investida do fantasiar, algo sempre presente, inerente ao pensar. Atentar para esse fenômeno oferece maiores liberdade e esperança para o trabalho do analista estimulado a observar a distância entre o fenômeno – como ele pode ser percebido, observado, transmitido e recebido – e o "acontecimento em si", a coisa-em-si, noúmeno. Nos dizeres de Melanie Klein:

> *Na verdade, é impossível encontrar acesso às emoções e relações de objeto mais antigas a menos que se examinem suas vicissitudes à luz de desenvolvimentos posteriores. ...Refiro-me às diferenças – em contraste com as semelhanças – entre transferência e as primeiras relações de objeto (1952, pp. 437-438, grifo meu).*

Melanie Klein postulou uma íntima relação entre as duas posições, esquizoparanoide e depressiva, advertindo sua presença simultânea. Associa ao nascimento do pensamento simbólico a posição depressiva, o que supõe a capacidade de utilizar o outro como continente de maneira construtiva. A tolerância interna a um objeto total parece ser intrínseca, de valor ético, com ênfase em alcançar a reparação e a posição depressiva. Klein atribui valor ético à posição depressiva enquanto reparação do objeto anteriormente atacado.

A obra de Bion é, em grande medida, uma reflexão a respeito de Freud e, sobretudo, de Klein, para desenvolver um método próprio. "Lembro-me de meus pais em cima de uma escada em forma de Y e eu estava lá" (Bion, 1976, p. 129).

No início de "Evidência" (1976), um de seus artigos sobre a técnica, o Édipo é apresentado nessa metáfora como elemento central da psicanálise, "*Why shapped stare*", um olhar em forma de porquê. O Édipo, como busca incessante pela verdade de si mesmo, é método peculiar de cada um, de cada analista: epistemologia pessoal. O filho, Bion, fixa seu olhar de baixo para cima revisitando o funcionamento mental de seus pais, seus objetos internos, Freud, Klein, Trotter, Charcot.

Bion (1991) comenta a influência de seu professor, Wilfred Trotter, em "All my sins remembered", e essa mesma citação está no comentário de Nuno Torres (2013) ao discutir o instinto gregário na obra de Wilfred Bion e Wilfred Trotter, isto é, a questão da elaboração do Édipo pelo próprio analista, sua análise pessoal, para poder ouvir o grupo (intrapsíquico e interpessoal) como recurso próprio e íntimo. Aqui poderíamos pensar na disponibilidade para permanecer na cesura, na transiência do pré-humano ao humano como algo que expande o continente do analista, sua intuição.

> *Trotter ouviu, com natural interesse, como se as contribuições do paciente fluíssem da própria fonte do conhecimento. Foram necessários anos de experiência até que eu aprendesse que isso era de fato essencial. Quando um paciente coopera a ponto de se apresentar para exame, ao médico cuja ajuda é solicitada é dada*

a chance de ver e ouvir por si próprio a origem da dor. Nem é necessário perguntar "Onde dói?" – embora seja claramente um conforto ter essa pergunta respondida em uma linguagem que ele entenda. "A raiva que é tão facilmente despertada é a reação daquele que ajuda diante da percepção de que não entende a língua, ou de que a língua que ele entende não é a que é relevante, ou está sendo usada de uma maneira que não lhe é familiar" (Bion citado por Torres, 2013, p. 5).

Ainda em "Evidência", como em outros artigos (Bion, 1976), e eu diria em toda a sua obra, a cesura é uma ideia levada às últimas consequências: transcender as cesuras das oposições binárias que organizam o campo teórico e técnico da psicanálise pode ser indicado como o princípio do método mais geral de Bion (Civitarese, 2014). O "entre" é habitar na própria mente, na tensão intrapsíquica que não é para ser resolvida. Cabe, portanto, investigar a cesura, a *contra/trans-ferência*, o *humor transitivo-intransitivo* (Bion, 1977/1989). Focalizar a eterna oscilação no contínuo entre perceber/dar-se conta/be aware, e/ou evadir/esvair-se de um mundo interno, próprio, intrapsíquico. Tolerar a angústia e a frustração pela ausência de um objeto que supra materialmente com certezas, para poder sentir e, assim, pensar. Dentro desse paradigma, a ênfase recai sobre o registro da vida primordial, anterior à palavra, e por isso inapreensível pela representação ou simbolização. Para Freud, o mesmo ocorre com a consciência, um órgão sensorial para a percepção das qualidades psíquicas, a função da atenção, que passou a ser entendida por Bion como um fator da função alfa ou, ainda, em relação à identificação projetiva tomada em sua concretude, ambas inseridas no campo de pulsão epistemofílica (Klein), pulsão pela verdade (Bion).

Bion[3] buscou explorar níveis mais elementares da personalidade, traçar uma dimensão na qual cisão, projeção e "re-união" apresentam-se como constituintes inatos do ritmo de si mesmo. Dessa observação decorre um novo estatuto de tolerância e de criatividade à posição esquizoparanoide e aos elementos beta; estes últimos seriam como protocontinentes para os pensamentos não pensados: "Aprender com a experiência significa formar carries (continentes) sujeito-objeto específicos para veicular e metabolizar as impressões sensoriais primitivas e as protoemoções" (Civitarese, 2011, p. 107).

O método de trabalho psicanalítico aborda a questão de como o conhecimento privado das impressões sensoriais, da identificação projetiva, dos elementos beta, dos objetos parciais, da maneira única como a pessoa sente e percebe a realidade, pode ser traduzido em conhecimento público. É a descoberta da epistemologia pessoal.

O analista trabalharia como um construtor de sentido rudimentar. Em outro trabalho, discute a vivência de desamparo e de intensa turbulência emocional frente a estados fragmentados, não integrados, algo mais próximo a si mesmo. Bion apresentou esse estado como a base catastrófica da personalidade. A maneira singular como a personalidade se relaciona e se sustenta na própria oscilação PS/D. A vivência de catástrofe, na base da existência humana, necessita de narrativa até o final da vida. E, assim, Bion escreveu suas autobiografias.

A psicanálise é uma atividade autobiográfica nos dois sentidos, para o analista e para o analisando. A sessão é uma oportunidade

---

3 Nas duas versões da Grade (Bion, 1963/2004, 1977/1989), notamos o esforço e a ousadia de Bion visando criar um modelo epistemológico de precisão científica para a psicanálise. Para tal finalidade, a segunda versão da Grade acaba por expandir a fileira C (mitos, sonhos e paixão) como uma espécie de ponto alto na comunicação, linguagem de alcance.

de crescimento por meio do vínculo cuja finalidade é que a pessoa realize aquilo que urge nela (Frochtengarten, 2015).

A intenção é focalizar níveis mais primitivos da experiência em que a "escritura" do "pensamento" é a assinatura do *caos*. As palavras apresentam-se fora de sua conotação simbólica: "pa-la-vra", o mais próximo do signo, algo que não obedece a nenhuma das leis consagradas pela lógica comum. São como rabiscos incoerentes às leis da ortografia e da gramática. Esse funcionamento pode ser comparado ao método de evacuação de objetos internos – identificação projetiva. Os elementos beta são, portanto, mais próximos da coisa em si, são a realidade "nua e crua", a "raspa de tacho" da alma. Na vivência da posição esquizoparanoide, elementos beta são como uma nuvem de incerteza, aglomerados, capazes de fragmentar e dissociar em busca de uma nova configuração (PS/D) de crescimento – se for possível tolerar a angústia, o terror, a turbulência. Assim, uma análise busca o "ponto de virada", em que a sensação de catástrofe é uma invariante, o marco no qual nos originamos, nosso nascimento psíquico. Existência.

Pelo vínculo de fé, o analista cria/descobre intervenções que outorgam sentido aos fragmentos de realidade psíquica incognoscível. Se o sentido que surge está enraizado na ausência de sentido (fé) que supera o conhecimento (K), seu trabalho pode ter ressonâncias que se manifestam em pequenas diferenciações que se fazem perceptíveis (Eigen, 1985).

O método é de ampliação do inconsciente como preconcepção da personalidade (Civitarese, 2015a) para uma atribuição de sentido não apenas pelo conhecimento, mas também pelo ser.

Em seu diário pessoal, *Cogitações*, Bion (1992/2000) está interessado no método científico, uma questão relativa não só à filosofia, mas também à psicanálise. Não é à toa que o título do livro nos remeta ao *Cogito* de Descartes (Civitarese, 2010). A proposta não é realizar um esforço extenuante para resolver a velha celeuma entre cientistas e filósofos, entre deterministas – movidos pelo racionalismo de Descartes (1596-1650), uma ordem preestabelecida – e aqueles que optam pelo acaso, os empiristas. Lendo esse "caderno de anotações", percebemos que a discussão teórica sobre (1) o método; (2) o método do analista, sua própria demanda interna e pública; e (3) o método do analisando, em fazer frente a si mesmo, estão inevitavelmente imbricados.

Reiteradas vezes em seus livros, Bion (1992/2000) refere-se a Henri Poincaré, em *Science and method*:

> *para que um resultado novo tenha valor, ele precisa reunir elementos conhecidos há longa data, mas que estão dispersos e aparentemente estranhos uns aos outros, introduzindo ordem, repentinamente, onde reinava a aparência de desordem. Então esse resultado nos capacita a ver, em um relance, a localização de cada um desses elementos no todo. O novo fato não é apenas valioso em si, mas também é valioso por conferir, sozinho, um valor aos velhos fatos que une. Nossa mente é frágil, assim como nossos sentidos; ela se perderia na complexidade do mundo se tal complexidade não fosse harmoniosa; como míope, ela enxergaria apenas os detalhes, e seria obrigada a esquecer cada um deles, antes de examinar o seguinte; pela sua incapacidade de assimilar o todo (p. 16).*

O uso de termos, como fato selecionado (Poincaré) e conjunção constante (Hume) pressupõe a noção de uma operação que se dá na mente do analista e de uma metodologia empírica no sentido do cuidado para não atribuir precocemente significado em detrimento da vivência da experiência.

Retornando às questões da física, encontro uma semelhança:

> *Os quanta de luz não podem ser considerados como partículas, com uma trajetória definida pela mecânica clássica, sendo impossível determinar a trajetória dos quanta individuais de luz sem perturbar essencialmente o fenômeno em processo de investigação. Em decorrência deste fato, teve-se que abandonar a explicação causal completa dos fenômenos luminosos e se aceitar um comportamento estatístico, explicitado por leis probabilísticas (Ara, 2006, p. 19).*

Os elétrons livres que constituem uma "nuvem atômica" num movimento desordenado nos remetem a nossa vida mental sempre presente, em seus primórdios… Turbulência!

O caso clínico[4]

Ana é uma moça que está em análise comigo há mais de dez anos. Atualmente vem três vezes por semana, mas por um bom período vinha quatro vezes.

Quando começou sua análise, me contou que esteve em uma cidadezinha X na Itália fazendo um curso de italiano. Sua família materna é de lá. Fiquei impactada porque, por alguns anos, frequentei a trabalho os mesmos lugares. A cidadezinha X foi reconstruída em pleno fascismo. Suas casas eram cinzas, frias e quadradas. Ela me

---

4 Caso clínico apresentado na Jornada de Bion, em 2014. Supervisão de Civitarese apresentada no Seminário Clínico em Reunião Científica da SBPSP de 2015.

80 DAS NUVENS E DOS RELÓGIOS

contava a respeito da culinária de sua avó e evocava aqueles "sabores" em mim. Criou-se uma vivência paradoxal: paisagens tão comuns a nós duas, algo singular de duas brasileiras-italianas, enquanto a experiência emocional dos primeiros anos de análise passava, às vezes, fora do senso comum. Ana chegava muito atrasada, falava coisas incompreensíveis, permanecia em silêncio ou, quando se "articulava", esbravejava contra alguma injustiça. Foi necessário muito tempo para poder criar uma conversa comum, ainda muito difícil de alcançar.

Tive a impressão de me relacionar com uma garota de rua, com um funcionamento de mente grupal ou tribal, pelas expressões este-reotipadas que Ana repetia e pelo seu estar à vontade com famílias e em grupos fora de sua casa. Na época eu entrevistava jovens mães adolescentes de rua para o meu doutorado,[5] e o clima de gangue, até mesmo numa batida de rap que me mostrou, parecia estar presente quando tentava estabelecer alguma conversa. Batimentos de um coração que começava a palpitar? Vida?!

Ana morava com a avó materna, a mãe que sofria de severa depressão e o irmão, poucos anos mais novo do que ela. O pai tra-balhava e estava sempre viajando – parecia não suportar permanecer em casa com a família. Ana convivia com a mãe e a avó. A mãe era afetiva, mas tinha frequentes crises de depressão, passava o dia com as amigas e bebia. Tal precariedade emocional da mãe deixava Ana furiosa e indignada. O desejo de ver-se liberta de tanto desamparo provocava fantasias de evasão de si mesma, de sua realidade, um distanciamento da mãe, das aulas na faculdade e assim por diante. Depois de alguns anos a mãe, num impulso, se suicidou. Ana chega ao consultório com o diário da mãe, que olhamos juntas, enquanto

---

5 "Contexto de vida e as vivências da maternidade de adolescentes em situação de rua" Doutorado em Saúde Mental apresentado em 2006 pelo Departamento de Psiquiatria da Escola Paulista de Medicina (Unifesp-EPM).

ela fala da família. Começo a sentir, a partir daquele momento, o nascimento de um sentido de pertencimento.

Ana se forma numa boa faculdade e consegue ótimos empregos. É exótica, bonita, teve vários namoros. Atualmente está namorando.

A sessão

Ana chega alguns minutos atrasada e permanece em silêncio. Fala algo incompreensível, logo muda o curso das palavras bem no meio da frase.

Anne Lise (AL): – Coragem... – digo, tentando permanecer em contato.

Comenta que, se escolhe um assunto, perde todos os outros, ["como se"] eles deixam de existir na sua mente.

AL: – Mas agora você falou alguma coisa que é possível entender, acompanhar, embora seja patente a sua dor...

Retoma um discurso desconectado. Nas mutilações de forma e de efeito, gagueja, suas sentenças não fazem sentido; talvez, penso, "não fazer sentido" seja o ponto.

Falo dessa minha impressão na busca de uma brecha, de uma palavra ou, ainda, de alguns minutos de simples conversa.

A coisa parece estar ficando ainda mais complicada, penso. Qual seria o assunto? Assunto?

Afirma um "é", gira-se para trás e aí parece me agarrar com seus olhos, para não enlouquecer? Tábua salva-vidas? Ela parecia aguardar. A minha reação?

Nesse momento busco por mim. Penso. O que tenho a dizer sobre uma situação de que não entendo "patavina"? É. É essa mesma a palavra que me ocorre: "pa-ta-vi-na". De onde ela vem? De minha infância? De um povo romano, tenho a impressão, que não falava o latim, mas que se impunha na conversa com uma língua nova.

Então tento:

AL: – Talvez você queira me mostrar todo o teu desamparo e receio de enlouquecer. Talvez tenhamos que criar aqui um dialeto nosso... Com uma métrica diferente daquela que a gente usa para conversar com os outros lá fora.

Ana (A): – *Lembra quando me disse que deixava com você o meu juízo?* – pergunta (com voz esperançosa?).

Agora ela me diz tudo isso de um modo muito diferente. Ela existe, ganha corpo e palavras.

Mas, de repente, como alguém que começa a correr na subida íngreme de uma montanha, ela dispara:

A: – *Tenho vergonha de contar, mas não consigo chegar no horário do trabalho. Perco a hora de dormir e a hora de acordar... Estou tomando os remédios. O mesmo acontece com a comida, de repente, como muito, engordo, boicoto o regime. Não consigo guardar dinheiro!*

E assim por diante.

Embasbacada por aquele seu discurso – agora perfeitamente inteligível – sinto-me correndo, arfando, tentando ir atrás para reconectar-me a alguma coisa que já perdi.... A atmosfera da sala é fechada, carregada, desespero.... As palavras correm rápidas, sem deixar brechas, sem fazer uma pausa, sem hesitação.

Tento não perder o foco e me sinto como Alice correndo atrás do apressado coelho. Tanta pressa, para quê?

No ápice daquilo que me parece um discurso sem fim inicia a repetir as palavras "não é possível" como se cada sílaba fosse algo a ser degustado sonoramente. Soam como trovoadas: "não!" "é!" "po!" "ssí!" "vel!". Partículas de palavras explodem pela sala, lançadas cheias de desprezo, ódio e indignação – por si mesma, por mim, pela situação?

Aproveito a primeira pausa para comentar:

AL: – Acho que o teu juízo não está comigo, não! Parece que é um personagem que corre solto pela sala, inalcançável, despeitado e arrogante. Uma espécie de Hitler. Muito intolerante. Nada é suportável. Como podemos sobreviver a isto?

A: – *Parece difícil. É que é sempre assim. Venho aqui, quero falar, me organizar, mas aí perco tudo...*

E nesse ponto sinto que está mesmo dentro de um desespero, sem nenhuma referência. Permanecemos em silêncio. Parece chorar um pouco. Estamos ali, juntas num clima triste, mas ao menos, penso, parece real. Ela faz alguns comentários sobre perder as coisas que investiu.

Enquanto fala acontece algo comigo. Ouço, dentro de mim, uma música que não ouvia há muito tempo, anos. Será que ela conhece? Não me lembro o nome, então só me resta cantá-la. Arrisco? Canto para ela dizendo que algo me ocorreu. Como uma inspiração?

> *É de manhã, vem o sol, mas os pingos da*
> *chuva que ontem caiu,*
> *ainda estão a brilhar. Ainda estão a dançar...*
> *Ao vento alegre que me traz esta canção...*

Emocionada diz:

A: – *Essa era a canção que minha mãe cantava para mim!*

Em busca de Aná//lise

A escrita em psicanálise não deixa de ser busca de narrativa, autobiografia. Psicanalistas, como escritores criativos, poetas (Freud, 1908/1996e), partem de suas próprias questões, do modo pessoal de fazer suas perguntas e de buscar respostas para desenrolar sua escritura, seu método e estilo, sua epistemologia. Entretanto, escrevo este parágrafo a partir de um momento *a posteriori*, teço a trama onde é possível conhecer.

Escrevendo com base em um momento do presente da sessão, se for possível a imersão na experiência emocional e o foco no desconhecido, sustentaria que o analista, como o poeta, busca um modo de abrigar a dúvida: quem sou eu? Entretanto, como diríamos, o poema não é para ser entendido. Em psicanálise é para ser escrito, surgido. Surge/urge como forma estética de verdade transitória por evocar uma evidência, um estado de consciência mais próximo de si mesmo. Algo não amarrado ou apoiado apenas no conteúdo das palavras, mas na forma da palavra ou, como definiu Bollas (2013), o *self* no poema.

Retornando ao caso clínico, tentei acolher o impacto provocado em nós duas pela comunicação de des-existência/existência, lembrei-me da atmosfera de Marte. Um artigo que tinha lido havia muito tempo a respeito de cientistas em busca de vida naquele planeta. Uma paisagem árida, escavações, crateras, terrenos, vazio, areia, deserto. Com surpresa soube que a pressão atmosférica faz a água passar diretamente do estado sólido para o gasoso. Nenhuma transição, nenhuma cesura. E como foi difícil aquele início, parecia que Ana estava cômoda naquele "estado" tão penoso. Não se movia. Nem líquido, nem gasoso. Solidez? Estado? Mente?

PSICANÁLISE: UMA ATIVIDADE AUTOBIOGRÁFICA 85

Depois de muito tempo, esta sessão. Nela, estamos num território entre o mental e o não mental. Não estamos no reino da representação, onde o discurso articulado propicia significados condizíveis. É o caos: murmúrios, inícios abortados de palavras e frases que logo bloqueiam, paralisando o sentido, atacando o vínculo (Bion, 1959/1994a). Tudo isso é expresso no gaguejar e nas mutilações do discurso. A personalidade surge como um aglomerado de elementos beta, nuvem de incerteza, num determinado momento aparece Hitler, objeto interno persecutório com a qualidade de um superego primitivo, cuja rigidez indica onde o seio deveria estar, sem tolerância, segundo Ana, "algo muito difícil".

A vivência de desamparo lembra as cenas de guerra relatadas por Bion em suas autobiografias, o interesse recai sobre a investigação do paradoxo: como os mesmos ossos mortos deram vida à mente? (Bion, 1976). Carole Beebe Tarantelli (2003, 2011) relaciona a primeira teoria de Bion a respeito da parte psicótica da personalidade aos seus desenvolvimentos mais tardios, cujas descrições percorrem o texto de suas autobiografias. A narrativa autobiográfica (preconcepção psicanalítica) é a expressão, relato, de contínuo esforço de busca por si mesmo, diante da premência da sensação contemporânea de fragmentação e de continuidade do ser somatopsicótico.

Nessa sessão, assistimos a um contínuo pulsar entre integração e não integração, a manutenção violenta de uma parte exclusivamente onipotente e/ou indefesa da personalidade, estamos imersos no desamparo. Foi necessário buscar uma brecha, um contato pela prosódia, pela semiótica, algo rítmico: "pa-ta-vi-na". Durante a supervisão em 2015, Civitarese compara as intervenções da analista à fase primária na qual a mãe tenta transmitir o inconsciente antes do significado. A estrutura musical é o próprio "significado", o continente, criando uma linguagem, um trabalho em nível muito básico em que há buracos, falhas na significação. Afinal, não podemos esquecer que a palavra em seu início é mais signo do que símbolo.

Ana "gruda" com seus olhos ou teme que se escolher uma frase perderá todas as outras. Oscila entre agarrar-se adesivamente à analista e/ou "abraçar-se" a si mesma para evitar cair num abismo, desmantelar-se.

As vivências de desespero, incerteza e desamparo solicitam que a analista se posicione diretamente em cena e, assim, passe a protagonizar a experiência. O impasse propõe uma situação de encruzilhada (edípica)[6] para a personalidade dos envolvidos, para a própria analista. A abordagem clássica, do modo como geralmente é entendida, não está disponível: não estamos num nível simbólico de representação. Uma abordagem estética é necessária. Imersas no espesso nevoeiro, a entrada no campo do desconhecido é inegável. A analista desiste de fato e razão! Nas palavras de Civitarese (2007):

> *Devo insistir, aqui, sobre a importância do silêncio nas palavras, isto é, sobre a importância de um modo de participação na relação analítica em que o recurso técnico à tipologia das interpretações débeis, diluídas, não representa uma mera opção técnica, mas é sentido, antes, como um saber manter-se em sintonia com uma ética do tratamento e uma estética da indefinição (p. 60).*

A questão se mantém: "Como transformar turbulências emocionais em pensamento?" (Civitarese, 2015a, p. 1). Ou como transformar temporal em tempo-oral? É possível falar do silêncio a partir

---

6 O termo encruzilhada edípica se refere aqui ao Édipo enquanto busca de identidade, ou seja, tomada de decisão quanto a buscar por si mesmo ou esvair-se.

de algo que surge dentro das palavras? Observamos a natureza do encontro com base nas questões da analista. Esse é o vértice possível. A questão é que estamos lidando com algo difícil de pronunciar em palavras, publicar. Às vezes, a linguagem não pode constituir-se numa interpretação no sentido clássico, mas, se é possível aguardar a inspiração, pode surgir um modelo, por meio do trabalho onírico alfa (Bion, 1992/2000).

Podemos pensar o paradigma metodológico da psicanálise centrado na ideia de cesura, conforme demonstram nossos autores e nossa experiência. Como transitar entre as dimensões de conhecer e de ser? Permanecer na suspensão da métrica: *Thou foster-child of silence/and slow time*, expressão presente em "Ode a uma urna grega", poema escrito por Keats em 1819. Segundo a entrada do poema na Wikipedia: "A urna é um 'filho adotivo de silêncio e tempo lento', porque foi criada a partir da pedra e feito pela mão de um artista que não se comunica através de palavras. Assim como a pedra, o tempo tem pouco efeito sobre o vaso e o envelhecimento é um processo tão lento que pode ser visto como uma peça eterna, obra de arte. A urna é um objeto externo capaz de produzir uma história fora da época de sua criação, e por causa dessa habilidade o poeta a rotula de um 'historiador silvestre', que conta a sua história através de sua beleza" (https://en.wikipedia.org/wiki/Ode_on_a_Grecian_Urn).

O método do analista para abordar a realidade é deixar-se abordar pela verdade, ser sonhado pelo sonho, pelo mistério. A experiência emocional é central. Isso é possível, como escreveu Odilon de Melo Franco Filho (2004), quando o interesse não permanece no conteúdo manifesto ou latente das palavras, algo a ser revelado, mas em "algo mais do que relatar fatos e obter interpretações" (p. 2).

88 DAS NUVENS E DOS RELÓGIOS

Gostaria de "concluir" com uma reflexão sobre a especificidade do ofício do analista, afinal, em psicanálise lidamos com algo muito difícil de descrever. Investigando o desconhecido estamos interessados em algo de que normalmente não nos ocupamos. Procuramos por evidências, o que não deixa de ser também por nós mesmos, pois elas só se verificam por nossas próprias observação e participação na experiência. Procuramos comunicá-las ao analisando e aos nossos pares. Ocupamo-nos da palavra, "de trazê-la de volta a uma espécie de estado auroral, não distante da magia do dizer poético; de instituir as próprias metáforas e os próprios dialetos" (Civitarese, 2007, p. 71). Procuramos um estado nascente...

Mas, ainda, a indagação que não cessa: afinal, qual é o método do psicanalista? Penso que é a disciplina de trilhar o caminho do conhecimento sem perder de vista o desconhecimento, mantendo, assim, uma atitude ética diante do sentido inapreensível de nossa existência. Ou, conforme escreveu Galileu Galilei em 1613, "as duas verdades, de fé e de ciência, não podem nunca se contradizer, procedendo igualmente do Verbo divino a Escritura santa e a natureza, a primeira ditada pelo Espírito Santo, a segunda como fiel executora das ordens de Deus".[7]

---

7 Carta de Galileu Galilei ao Padre Benedetto Castelli, em 21 de dezembro de 1613. Disponível em: https://webcache.googleusercontent.com/search?q=cache: snOu MskSLS8J:https://revistapesquisa.fapesp.br/carta-achada-apos-250-anos-indica-recuo-de-galileu/&cd=2&hl=pt-BR&ct=clnk&gl=br.

4. *The nebulous domain*: dos fantasmas à psicanálise, eis a nossa questão![1]

> *Um filósofo da ciência pode responder com uma pergunta: "É realmente possível investigar a existência de um objeto de investigação? Ou o próprio processo de investigação o cria? Poderia uma psique ser um modelo, uma ferramenta para elucidar nossas teorias do sentimento humano?"*
>
> Harris e Redway-Harris (2013, p. 149)

Após ter escrito "Das nuvens e dos relógios" (Scappaticci, 2017), continuo a dedicar minha escrita sobre perene investigação: afinal, qual é o objeto psicanalítico?

No parágrafo final do texto "Cesura", Bion reinventa a citação de Freud (1926/1996j) em "Inibições, sintomas e angústia":[2] "Há mais

---

1 Capítulo baseado no artigo homônimo publicado em: *Ide*, 42(69), 207-221, 2020. Esse trabalho ganhou o prêmio de melhor artigo no encontro das regionais em São José dos Campos, em 2019.

2 A famosa citação nos remete a Shakespeare, "Há mais mistérios entre o céu e a terra do que supõe nossa vã filosofia".

continuidade entre os quanta autonomamente apropriados e as ondas de pensamento consciente e sentimento do que a impressionante cesura da transferência e contratransferência nos faria acreditar" (Bion, 1977/1989, p. 123).

Parece-me que Bion teve uma antevisão correlacionando intuitivamente o que estudamos sobre a física quântica com o psiquismo humano, aquilo que, pela ordem de sua natureza incerta, móvel e desconhecida, jamais poderá ser conhecido. Salienta, assim, a disponibilidade mental do analista a expor-se aos pensamentos selvagens por meio de conjecturas imaginativas e racionais. Somos conduzidos à realidade autopoiética de nós mesmos onde "O" estaria no centro da realidade psíquica desde sempre: "No ventre da mãe o homem conhece o universo e o esquece ao nascer" (Buber, citado por Bion, 1977/1989, p. 123).

Estamos às voltas com a verdade, questões relativas ao cerne, questionamentos profundos lançados pelos cientistas, pelos filósofos, cantados pelos poetas: a psicanálise em nós mesmos, uma preconcepção.

Nas palavras de Demócrito de Abdera, reconhecemos a profundidade inerente a todo mergulho de verdade. Diante da necessidade humana de atribuir sentido às coisas, a cada passo que o investigador é poeta, no aprofundar de seu próprio envolvimento humano, o individual e o universal coincidem. Assim toda a terra está aberta ao sábio, porque a pátria de uma alma virtuosa é o universo inteiro.

O embrião da física surgiu no ano 450 a.C., com Leucipo e Demócrito, apoiando-se numa ideia sistêmica que nos lança diante de um espaço vazio, infinito e ilimitado no qual correm incontáveis átomos, substâncias mais simples, que são como grãos.

O poema de Lucrécio, "A natureza das coisas" (*De rerum natura*), foi o único texto sobre o atomismo antigo que se salvou do desastre humano e chegou inteiro até nós. Nele percebemos a ligação entre ciência (física), natureza e filosofia feita em poema. Introduzo os comentários de Carlo Rovelli ao poema e um pequeno trecho:

> *A beleza do poema está no sentimento de admiração que permeia a grande visão atomista. O sentido de profunda unidade das coisas que nasce do conhecimento de que* somos feitos da mesma substância que as estrelas e o mar *(Rovelli, 2014, p. 37, grifos meus).*

> *Nascemos todos da semente celeste, todos têm aquele mesmo pai, do qual a nossa mãe terra recebe gotas límpidas de chuva e, depois, fervilhante produz o luminoso grão, as árvores frondosas, a raça humana e todas as gerações de animais selvagens, oferecendo o alimento com que todos nutrem seus corpos para ter uma vida boa e gerar prole (Lucrécio, 1994, p. 990).*

Essa é uma ideia central que pretendo desenvolver neste texto. Procuro articular a experiência emocional e a clínica psicanalítica com o sentido de que somos feitos da mesma matéria daquilo que observamos. Ou seja, de que é impossível separar onde inicia o mundo físico material e termina o imaterial. Assim, o observador e o observado, o conhecedor e o objeto do conhecimento estão autoengendrados. Afinal, a divisão entre o mundo material e o imaterial seria, para os físicos, uma má interpretação da física quântica.

No capítulo de 10 de janeiro de 1959 de *Cogitações*, sobre o método científico, Bion (1992/2000) interroga-se a respeito de como podemos mensurar o que as pessoas sentem, algo não abordável pelos sentidos. Cita Braithwaite e outros filósofos da ciência para expandir a ideia de que uma teoria científica precisa estar apoiada numa hipótese inicial seguida por explorações empíricas que são testadas e, assim, passíveis de generalização. Como faziam os antigos físicos e é feito até os dias de hoje, toda boa intuição é necessariamente seguida pela demonstração do problema, o que torna o método do autor de domínio público (pública-ação). Das leituras de Bion, notamos a ênfase no vértice empírico de observação da experiência originária do pensamento clínico, no sentido de não adotar *a priori* teorias psicanalíticas (fileira F) como um "viés". Indaga-se o que fazer "quando a incapacidade ou o colapso para formação de símbolos é a incapacidade de transformar uma união real de elementos reais em uma abstração, ou seja, de um sistema dedutivo científico ou cálculo?" (Bion, 1992/2000, p. 18).

A sua observação dirige-se à investigação de como se dá a transição de um conhecimento privado que se torna público, ou seja, aos objetos materiais do senso comum. Em outro capítulo de *Cogitações*, "Nota sobre ritual e magia", Bion (1992/2000) afirma que:

> *De fato, geralmente postulamos, sem reconhecer que isso é um postulado, que existe algo como uma psique, passível de estudo científico – estudo que só tem compromisso com a verdade. Como psicanalistas, temos consciência de que reivindicar isso de nossa investigação seria de fato precipitado, exceto como hipótese a ser investigada (p. 306).*

Bion reifica a investigação no hiato entre o domínio da psique e aquilo que desconhecemos, entre ritual e psicanálise. Esse território permanece nebuloso e assim deve permanecer.

De modo intuitivo, o poeta resgata a natureza afastando-se de explicações finalistas, deterministas, de revelação e de tradição. A referência ao atomismo antigo é transparente em Newton, que tenta combiná-la com a matemática de Pitágoras e Platão. Se é o número que governa as formas e as ideias, a matemática é a linguagem mais adequada para descrever o mundo.

Olhando por outro vértice, essas ideias estão descritas no "Infinito" de Giacomo Leopardi (citado em Citati, 2013), que falava "sobre o seu sistema" na obra *Zibaldone*, como se seus pensamentos formassem uma espécie de jogo de figuras no qual natureza, razão e felicidade se entrelaçavam. O "belo aéreo" (Homero) sobrevoo da natureza humana através da poesia, nas palavras de Pietro Citati é uma visão filosófica, matemática e, ao mesmo tempo, indefinida, nascida da imaginação.

> *Leopardi com sobre-humana tensão abole da sua mente o pensamento das estrelas, o fluxo do movimento, cada ideia de eternidade e de tempo. Para colher uma gota pura de infinitude – a coisa mais remota, extrema, rarefeita e essencial, que o homem pode forjar – deve imaginá-lo vazio, imóvel, silencioso. Tem algo tremendamente impactante nesta tentativa, como se alguém tentasse imaginar Deus fora da palavra, do tempo, da eternidade, do número: um ponto fixo e invisível no céu (Citati, 2013, p. 177, grifos meus).*

Remete-me ao famoso pensamento de Pascal:

> *Não sei quem me pôs no mundo, nem mesmo o que sou. Estou numa ignorância terrível de todas as coisas. Não sei o que é o meu corpo, os meus sentidos, nem o que é a minha alma, e até esta parte de mim que pensa o que agora digo, refletindo sobre tudo e sobre si mesma, não se conhece melhor do que o resto. Vejo-me encerrado nestes*

imensos e intimidantes espaços do universo e sinto-me
ligado a um recanto da vasta extensão, sem saber por que
fui colocado aqui e não em outra parte qualquer, nem
por que o pouco tempo que me é dado para viver me foi
conferido neste período de preferência a outro período de
toda a eternidade que me precedeu e de toda a que me
segue... Só vejo o infinito em toda a parte, encerrando-me
como um átomo e como uma sombra que dura apenas
um instante e não volta (Pascal, 1952).

Questões espaciais em psicanálise parecem reunir a mecânica de Newton, fazer ressurgir o mundo de Demócrito matematizado, a herança de Pitágoras, a tradição alexandrina, numa visão de mundo cantada pelo poeta Leopardi:

O Infinito
Sempre cara me foi esta colina
Erma, e esta sebe, que de tanta parte
Do último horizonte, o olhar excluí.
Mas sentado a mirar, intermináveis
Espaços além dela, e sobre-humanos
Silêncios, e uma calma profundíssima
Eu crio em pensamentos, onde por pouco
Não treme o coração. E como o vento
Ouço fremir entre essas folhas, eu
O infinito silêncio àquela voz
Vou comparando, e vêm-me a eternidade
E as mortas estações, e esta, presente
E viva, e o seu ruído. Em meio a essa
Imensidão meu pensamento imerge

E é doce o naufragar-me nesse mar.
(Leopardi, 1826, tradução de Vinícius de Moraes, 1962).

Rudi Vermote (2016), em sua palestra "Era Bion um kleiniano?", reflete acerca da natureza humana mais profunda e faz relações entre os pensamentos de Freud, Klein, Bion e Matte Blanco. Seu pensamento me lembra as ideias de Demócrito quanto à descrição da natureza das coisas. Vermote aplica ao modelo do funcionamento mental de Bion o conceito de infinito/finito de Matte Blanco (1998) para discernir os três modos de funcionamento psíquico no funcionamento mental. Ele os apresenta como níveis topográficos, do mais superficial ao mais profundo: raciocínio, transformação em K e zona de O.

A terceira área de transformações em "O" (zona de O) nos faz pensar na física atômica antiga e na física quântica. É a zona infinita, vazio indiferenciado, fragmentação que está fora do pensamento verbal:

> *Nesta zona estão padrões a-sensoriais vazios, para usar uma expressão de Santo Agostinho: "formas in potentio". Eles são mudos, no escuro por assim dizer, e são ativados na zona indiferenciada infinita que compartilhamos com os outros. É um nível sem distinção entre interno/ externo, self/outro. Esta ativação se expressa por emoções que têm infinitas qualidades: ausência de tempo, deslocamento, generalização (Matte Blanco, 1988). Essas emoções podem ser ainda elaboradas como fantasias, sentimentos-pensamentos por sua elaboração final na segunda zona T(K). As emoções agem de modo muito rápido e são intuitivamente comunicadas no campo indiferenciado (Vermote, 2016, p. 3).*

No pensamento de Bion, assim como para Matte Blanco, viver a emoção é uma experiência infinita e absolutamente necessária para o pensamento. Reporto-me à emoção e ao poder vivenciá-la na sessão de análise, abrindo um espaço mental para a frustração de deixar-se "ocupar" por ela sem que logo de início sejamos impelidos a "resolvê-la". Viver a emoção como único indício que nos levaria a uma realização, ao pensamento ou, ainda, a algum contato com o objeto psicanalítico.

Transitando do desconhecido ao incognoscível, "O", dos limites humanos da investigação científica à poesia, sempre permanecem fragmentos que correm como átomos na penumbra do infra ao ultrassensorial. A área perturbada implicada é sempre bem maior do que qualquer teoria possível ou mais próxima que faça sentido à nossa vã captação.

Ao escrever essas coisas, detenho-me em outra frase, para mim sempre enigmática, de *Transformações*: "Uma coisa não pode existir desacompanhada na mente: nem uma coisa pode existir a menos que simultaneamente exista uma correspondente não coisa" (Bion, 1965, p. 117).

Cena de uma sessão

Abro a porta e deparo com uma mulher "farejando" a porta ao lado do meu consultório. Uma mulher bonita com blusa de onça pintada, bota alta de caçador, necessária para adentrar-se na mata, e... rabo de cavalo.

Com passos firmes, adentra meu consultório e senta-se escorregando na poltrona à minha frente. Põe as mãos no queixo nitidamente emocionada e desanda a falar sem parar! Os assuntos "correm" soltos sobre como conseguiu sobreviver a uma doença grave há três anos, ficando com um "fio desencapado na cabeça", como ela mesma diz, o que a preocupa muito, maternidade, casamento, profissão. Intensidade...

Desnorteio diante de tanta coisa impactante e penso: "Ai, ai, eta coisa difícil de não ficar presa" – como uma presa numa caçada, encontro entre caça e caçador: ataque e fuga! Dou-me conta de que sou "despertada" pelo assunto da sua primeira sessão com a ex-analista. Tinha sido anunciada na portaria, mas quando chega ao conjunto depara com tudo aberto e, ao adentrar a sala, vê uma mulher de cócoras arrumando alguma coisa atrás do divã. Ela pede desculpas dizendo que não sabia que estavam fazendo faxina no consultório. A pessoa se levanta irritada dizendo ser a própria analista. Inicia-se uma relação já de partida na contramão. Quanto sofrimento e quanta persistência...

Penso nas descrições clínicas cuja beleza reside no fato de o analista deixar que certos aspectos permaneçam em suspenso. Alguma coisa inquieta que não encontra acesso pela expressão sensorial. Aferrada na experiência, a forma não cabe no conteúdo. Às vezes, parece-me que uma transformação em O está presente quase que imediatamente. Uma camada básica indiferenciada da transferência em seu sentido mais alargado? Pude "ver" ou intuir, sem me dar conta, uma sensualidade selvagem indiferenciada em minha paciente? Penso que tais relatos de experiências com nossos pacientes nos fazem refletir que estamos, inevitavelmente, expostos a padrões de conjunções não sensoriais entre os elementos de uma personalidade e que, amiúde, é difícil descrevê-los sem nos sentirmos loucos.

A personalidade, sua realidade psíquica, é regida por algo não abordável pelos sentidos, conjecturas não sensoriais do que somos em nossa essência. Como captamos esse outro universo? A observação da experiência emocional pode levar o analista a intuir a realidade psíquica subjacente a padrões sensorialmente apreensíveis...

Em seu discurso endereçado a um matemático infiel, o bispo de Berkeley ataca com ironia as características "ilógicas" da apresentação de Newton a respeito do cálculo diferencial.

> *Fluxões, como andaimes de uma construção... E o que são estas fluxões? São as velocidades de diferenciais evanescentes. E o que são estes mesmos diferenciais evanescentes? Não são quantidades finitas, nem quantidades infinitamente pequenas, ainda não são nada. Será que não poderíamos denominá-los os espectros de quantidades desaparecidas? (Berkeley, citado por Bion, 1965, p. 171, grifos meus).*

No final de *Transformações*, Bion (1965) cita a crítica que o bispo de Berkeley fez à matemática de Isaac Newton, tratando com ironia o termo empregado pelo cientista, os "espectros de quantidades desaparecidas", que aparecem como fragmentos de ideias. Posteriormente, em *Atenção e interpretação*, Bion (1970) complementa:

> *Utilizarei o termo "místico" para descrever esses indivíduos excepcionais. Incluo os cientistas, e Newton é o exemplo mais notável de tal homem: suas preocupações místicas e religiosas foram descartadas como aberrações quando deveriam ser consideradas a matriz a partir da qual suas formulações matemáticas evoluíram (p. 64, grifo meu).*

O termo "os espectros de quantidades desaparecidas" evoca a ideia da "matriz", algo com que somente o gênio consegue permanecer em contato, uma mente sem representações, sem preconceitos, vazia. Mas esse contato gera turbulência, defesas primordiais de ataque e fuga no grupo. Esse é um tipo de medo atávico que não é controlado pela mente grupal e que, portanto, não adquire significado, são registros "desgovernados", não integrados pela mente simbólica.

Tomada pelo terror, a tendência é não se arriscar às dores do crescimento refugiando-se nos pressupostos básicos de dependência, dependência a um mestre ou a uma teoria/fato ou razão/cultura de grupo vigente. Newton é visto como louco pelo grupo, sua ideia parece explodir o continente, o gênio hesita.... É necessário afastar-se por um período. Foi preciso suportar muito sofrimento e tempo para que ele apresentasse a dedução de sua intuição. A eficácia de suas equações calou as críticas. No entanto, sua descoberta não resolveu todas as dúvidas. Sempre algo permanece em aberto aguardando que mais alguém enfrente as dores da turbulência do crescimento. Newton tentou remediar a situação do espaço vazio propondo um obscuro *sensorium de Deus*, uma ideia religiosa. Einstein partirá dessa descoberta de Newton e de outros cientistas para dar um passo adiante e apresentar a teoria da relatividade. Uma sucessão de "espectros" ou de "fantasmas extintos", de previsões que parecem delírios de um louco, ou uma realidade que também parece feita da mesma matéria que nossos sonhos? Aqui me parece que o gênio possui uma capacidade única para tecer conjecturas imaginativas.

A ideia de que uma coisa pode existir se houver a seu lado uma não coisa (Bion e Kant) reúne algo que sempre esteve unido na antiguidade, a matemática e a filosofia, entretanto, é de difícil apreensão. Do "Ser e/ou não ser" de *Hamlet* (Shakespeare, 1603/2008), do infinito vazio e sem forma (Milton, 1667/1994), emerge uma descrição do espaço mental que nos aflige. Não temos ideia de um espaço vazio, não faz parte da nossa experiência. Alguém já viu um copo realmente vazio? Demócrito afirmou intuitivamente que esse espaço vazio era algo entre "o ser e o não ser", a ideia entre a coisa e a não coisa, que sempre incomodou os pensadores. Einstein não era um grande matemático, mas tinha uma capacidade única de imaginar, de "ver" como o mundo podia ser um espaço com quatro dimensões que se encurva; a "cósmica medusa" em que estamos imersos, e que pode se comprimir e expandir. Aqui as asas da imaginação ganham força pela intuição. Mas, diante do nascimento de uma nova teoria o gênio hesita, é sempre necessário auto indagar-se.

Em minha viagem espacial nessa vacuidade, vislumbro a personalidade de uma pessoa cuja essência é não sensorial, inapreensível, algo sempre presente, mas que ainda não se realizou. Trata-se de um tributo essencial do ser, único, qualidade intrínseca, ontologia. Portanto, o acesso seria pela disponibilidade do analista de prestar atenção às "conjecturas imaginativas" ou à imaginação especulativa ou aos pensamentos dispersos despertados na clínica. Uma disposição interna para captar as conjunções constantes provenientes de uma área infinita: o mínimo irredutível que o analista precisa transmitir ao paciente (Bion, 1970). Como Shakespeare ao descrever Ofélia:

> *Seu discurso é nada. No entanto o uso disforme dele move os ouvintes a tentarem entendê-la; eles tentam adivinhar e ajuntam as palavras adequadas a seus próprios pensamentos/ o que, como suas piscadas e meneios, e gestos lhes expressam com efeito, fariam alguém pensar que pudesse haver pensamento. Embora nada certo, ainda que muito incômodo (Shakespeare, 1603/2008, ato 4, cena 5).*

5. Notas sobre o objeto psicanalítico na obra de Wilfred Bion[1]

De que se ocupa o psicanalista? Qual é o objeto psicanalítico? É científico? Físico? Matemático? Estético? Poiético?

Hoje em dia (e no passado), várias correntes dentro da psicanálise focalizam o objeto psicanalítico percorrendo um espectro que vai desde a psicopatologia, o caso clínico e a transferência – em que prepondera única e exclusivamente uma abordagem do psiquismo do paciente – até a investigação da contratransferência, das identificações introjetivas e projetivas, do campo analítico, da relação e, finalmente, da inclusão da personalidade do próprio analista. As abordagens psicanalíticas parecem ter enfoques diferentes. Algumas privilegiam a neutralidade do analista, as manifestações inconscientes do paciente, o intrapsíquico do analisando, enquanto outras se

---

1 Artigo publicado originalmente em: *Revista Brasileira de Psicanálise*, 55(2), 103-114, 2021, em coautoria com a supervisora de pós-doutorado Marina Ferreira da Rosa Ribeiro pelo Instituto de Psicologia da Universidade de São Paulo (IPUSP), em 2021.

voltam para as experiências emocionais do analista no *setting* como principal ferramenta de trabalho.

Objeto psicanalítico é um termo utilizado por Freud que surge pela primeira vez no artigo "Os instintos e suas vicissitudes" (1915/1996k). Considerando a teoria pulsional, ele afirma que se constitui como objeto da pulsão todo objeto no qual ou por meio do qual a pulsão consegue atingir seu alvo. O objeto não é fixo nem previamente determinado, é o que há de mais contingente no conjunto de elementos e processos presentes nos atos pulsionais.[2] Já em uma leitura mais sutil da obra de Freud, podemos conceber essa primeira experiência de satisfação como mítica, uma ficção, isto é, como uma situação que nunca existiu concretamente, mas que é postulada por ele como construção teórica necessária para alicerçar suas hipóteses. Daí a infinidade de objetos empíricos que se prestam a substituir esse lugar vazio, em uma busca vã e inesgotável, na saga pessoal de cada sujeito.

Melanie Klein associa os objetos internos à fantasia, tornando o objeto psicanalítico ainda mais inefável e inerente ao modo singular de internalização e de projeção das experiências emocionais. Bion expande essa ideia distanciando-o do biológico e atribuindo ao objeto psicanalítico a própria vivência emocional. Em *Elementos de psicanálise* (1963/2004), afirma que esse objeto tem a dimensão dos sentidos, dos mitos e da paixão. Focaliza o psíquico, o desconhecido, o incognoscível no inapreensível que é, consequentemente, difícil de ser compartilhado.

---

2 "O objeto [Objekt] de um instinto é a coisa em relação à qual ou por meio da qual o instinto é capaz de atingir sua finalidade. É o que há de mais variável num instinto e, originalmente, não está ligado a ele, só lhe sendo destinado por ser peculiarmente adequado a tornar possível a satisfação" (Freud, 1915, citado por Rezze, 1990).

Bion parece alertar o psicanalista a observar seu próprio envolvimento mental na experiência da sessão, como diz o título escolhido para seu último trabalho, "Como tornar proveitoso um mau negócio" (1979b). Esse artigo pretende acompanhar o movimento metapsicológico em parte da obra de Bion, visualizando as mudanças no enfoque do objeto psicanalítico.

Frequentemente esse autor se valeu do fato selecionado de Henri Poincaré para descrever o valor epistemológico da experiência de descoberta de uma configuração que

> *une elementos há muito conhecidos, embora até então dispersos e aparentemente estranhos um ao outro, além de subitamente introduzir ordem onde reinava a aparência de desordem. Ele assim nos permite ver, de relance, cada um dos elementos no lugar que ocupa no todo. Não só o fato novo é valioso por si, mas ele, sozinho, confere valor aos fatos velhos que une. Nossa mente é frágil como nossos sentidos. Perder-se-ia na complexidade do mundo, se essa complexidade não fosse harmoniosa. Como míope, ela veria apenas os pormenores, e se condenaria a esquecer cada um deles antes de examinar o seguinte, por se mostrar incapaz de considerar o todo. São dignos de nossa atenção somente os fatos que introduzem ordem na complexidade, tornando-a, assim, acessível a nós (Poincaré, citado por Bion, 1962, p. 90).*

Em sua escrita, Bion não classificou os diferentes períodos de interesse em sua obra. Na introdução do livro *O aprender com a experiência* (1962), orienta o leitor quanto ao método de realizar a leitura de seus textos. Ele parece até preconizar que o objeto surgirá durante a própria leitura, em que o leitor se torna autor, assim como na experiência analítica:

> *O livro foi projetado para ser lido diretamente, sem conferir partes que a princípio parecem obscuras. Algumas obscuridades se devem à impossibilidade de escrever sem pressupor familiaridade com certos aspectos de um problema que só será trabalhado depois. Se o leitor fizer uma leitura direta, essas questões se esclarecerão na medida em que ele prosseguir. Infelizmente, as obscuridades também existem devido à minha incapacidade de torná-las mais claras. O leitor pode considerar recompensador o esforço de esclarecê-las por si próprio, e não as ver simplesmente como tarefa a que foi forçado por eu ter deixado de fazê-la (Bion, 1962, p. II).*

Contudo, vários autores se dedicaram em organizar *a posteriori* o desenvolvimento do pensamento de Bion, entre eles Bléandonu (1993), Braga (2018a), Chuster (2018), Chuster et al. (2014), Meltzer e Williams (1998) e Rezze (2018).

Esses estudiosos elegeram um primeiro período no qual destacam o interesse pelo grupo no livro *Experiências em grupos* (Bion, 1961). O objeto psicanalítico, nesse sentido, é o funcionamento grupal em dois níveis: grupos de trabalho – um nível psicológico, em que há colaboração – e grupos dos pressupostos básicos. Nestes últimos,

> *a potência não decorre da ciência, mas da magia... Os indivíduos não acreditam em sua aptidão para aprender com a experiência, ao contrário, tudo isto representa o ódio a toda a aprendizagem pela experiência (Bion, 1961, p. 28).*

Essa dimensão grupal continua como proposição germinal por toda a obra do autor. Bion não descarta compreensões que teve na origem, ele parece voltar a elas. Os pressupostos básicos, por exemplo, seriam nossos estados alucinatórios, dimensão sempre presente. Um fulcro do pensamento bioniano é a tensão perene entre o indivíduo e o *establishment*, o místico/gênio e o grupo, os personagens do grupo interno da mente descritos no final de sua vida na trilogia *Uma memória do futuro* (1975, 1977b,1979a). No livro *Experiências em grupos*, ao descrever um espaço imaginário no parágrafo intitulado "Tensões intragrupais", Bion (1961) comenta:

> *Achei útil visualizar a organização projetada da ala de treinamento como se se tratasse de uma estrutura encerrada dentro de paredes transparentes. Nesse espaço, o paciente seria admitido em um determinado ponto, e as atividades em seu interior seriam organizadas de maneira que ele pudesse movimentar-se livremente em qualquer direção, de acordo com a resultante de seus impulsos conflitantes. Seus movimentos até onde possível não seriam deformados por interferência externa. Em resultado disso, poder-se-ia confiar que seu comportamento proporcionasse uma indicação direta de sua vontade e seus objetivos efetivos, em oposição aos objetivos por ele próprio proclamados ou àqueles que o próprio psiquiatra desejaria que ele tivesse (pp. 14-15).*

No segundo período destaca-se o interesse pelo pensamento psicótico. Em 1967, Bion reuniu sete trabalhos no livro *Estudos psicanalíticos revisitado*s. O objeto psicanalítico está dimensionado sob a influência do pensamento kleiniano em "Notas sobre alguns mecanismos esquizoides" (Klein, 1946/2006), cujas ferramentas principais são a identificação projetiva, as posições esquizoparanoide e depressiva e os objetos parciais. Nesses artigos, como em "Ataques à ligação" (1959/1994a), a mente é concebida de modo espectral; sua manifestação não é apenas uma relação verbal, mas algo na tensão entre uma mente e outra, uma função. Bion está interessado nos primórdios da capacidade de pensar, no que ocorre no contato do aparelho psíquico do bebê com o aparelho psíquico da mãe, na exposição da mente do analisando à mente do analista.

O progressivo enfoque nos processos de pensamento, no método do pensar, e não somente no conteúdo do pensamento, culmina no artigo "A teoria do pensar" (1962/1994c), que prepara para a fase sucessiva, a epistemológica (1962-1979). Bion expande a teoria freudiana da consciência como órgão perceptivo das qualidades psíquicas, presente no artigo "Formulações sobre os dois princípios do funcionamento mental" (1911/1996i), e a teoria kleiniana da identificação projetiva, que é a fantasia primitiva onipotente e inconsciente na qual se pode projetar dentro do objeto partes ou sentimentos indesejados de si mesmo. Como decorrência, o objeto psicanalítico é investigado por meio da participação do próprio sujeito e pode ser visualizado através de vários vértices. Trata-se, portanto, de um objeto complexo e não linear.

O autor propõe a função alfa e seus fatores, os elementos alfa e beta – algo que não tem existência na realidade –, a relação entre continente e contido, e o pensamento sempre ligado à emoção por meio dos vínculos de conhecimento (K), ódio (H) e amor (L) e da oscilação PS ↔ D. Sua descoberta é um processo de investigação na experiência emocional em curso. Ilustro essa ideia com uma passagem de sua autobiografia, escrita no fim de sua vida. Nela o pequeno Wilfred explora o funcionamento mental dos adultos, e assim, particularmente, seu próprio método de exploração:

> *Eu desenvolvi um sexto sentido sobre "a centésima vez" muito antes de aprender matemática suficiente para contar até cem. Já naquela época eu parecia ter estabelecido tamanha distância entre a matemática aplicada e a matemática pura que não me dava por satisfeito – nem naquela época, nem agora – com a conexão entre cem e a "centésima vez" (Bion, 1982, p. 9).*

O objeto psicanalítico é pensado por meio de uma fórmula que salienta a preconcepção $[\psi(\xi)]$[3] inata da personalidade em busca de uma realização e, assim, uma atitude socrática do analista, que como a parteira estimula a emergir algo que já existe dentro da própria pessoa.

Em *Elementos de psicanálise*, Bion (1963/2004) elabora a Grade como instrumento para a observação psicanalítica, de mapeamento do pensamento – um eixo horizontal para aplicações e um vertical para o desenvolvimento genético. Estuda o objeto psicanalítico, inicialmente considerado nas dimensões dos sentidos, do mito e da paixão.

Até esse momento, a experiência emocional é O, a origem do encontro da sessão, o desconhecido. O pensar é do pensador, embora os pensamentos não sejam criados pelo pensador, mas pré-datem platonicamente sua recepção. Entram no interior da mente que desenvolveu um aparelho para pensar: "Este vem a ser o jardim metafórico da 'Ode à Psique'" (Williams, 2018, p. 160). Assim, o

---

3 No capítulo 22 do livro *Aprender com a experiência* Bion propõe uma fórmula para representar o que seria um objeto psicanalítico, um objeto complexo holográfico: $[\psi(\xi)\pm Y\,\mu]$. A preconcepção psíquica $\psi(\xi)$ – em que (ξ) é um elemento insaturado – busca uma realização (R) que dê a luz a uma concepção no espectro de mais a menos crescimento (+/- Y) de possibilidades entre $-Y$ (narcisismo) ao $+Y$ (social-ismo) sob a égide constante da complexidade (μ) inerente a um organismo biológico.

108   NOTAS SOBRE O OBJETO PSICANALÍTICO...

desejo de contar o sonho se transformou na experiência do sonhador que pode ser vivida pela dupla na sessão.

A teoria do pensamento e a ideia do aprender com a experiência, ligada ao pensar simbólico e ao aprender (ou não), são bastante assimiladas entre os psicanalistas. A teoria do pensar se inscreve como uma teoria do conhecimento cuja finalidade é epistemológica. Portanto, à medida que nos aproximamos do final de *O aprender com a experiência* (1962) e *Elementos de psicanálise* (1963), uma graduação entre a ideia de aprender e a de transformações fica mais clara e culmina no foco da proposta do último capítulo do primeiro livro, o conhecimento (K) e o não conhecimento (–K). Concomitantemente a esses dois livros, o autor constrói um instrumento para auxiliar o analista na classificação do objeto psicanalítico, a Grade, comunicada pela primeira vez em 2 de outubro de 1963.[4] A Grade pode ser vista como estruturante em sua metapsicologia, já deixando entrever os próximos passos, em *Transformações* (1965). Alguns autores consideram haver uma ruptura entre o aprender e a ideia de transformações; outros, não. De qualquer maneira, a realidade psíquica, aos poucos, aparece mais incluída na observação do analista; focaliza-se uma situação que ultrapassa o aprender com a experiência. Anos depois, Bion publica o segundo artigo sobre a Grade no livro *Two papers: The Grid and Caesura* (1977/1989). Embora complementares, o objeto psicanalítico na primeira Grade apresenta cunho científico enquanto na segunda prevalece o caráter estético.

No capítulo 9 de *Transformações*, Bion salienta a diferença da natureza das transformações pelo conhecimento, passando pela experiência emocional e pelas *transformações em O*, pelo *ser*, entrando em contato direto com a realidade. Existiria uma continuidade ou uma mudança de vértice? A teoria do pensar poderia ser estendida

---

4 Essa versão da Grade foi publicada posteriormente por Francesca Bion no livro *Taming wild thoughts* (1997).

para a dimensão do ser? Diz respeito ao analista decidir qual dimensão eleger para trabalhar? A concepção do mental é expandida, é multidimensional, comporta tanto uma dimensão como a outra.

Em *Transformações*, o autor explora as transformações em alucinose, fronteira entre a capacidade de pensar e a psicose.[5] Há um nível crescente da presença de algo imaterial, psíquico ou menos sensorial. Não basta passar pela experiência, já que é possível não aprender com ela. Assim, o eixo do objeto psicanalítico é a transformação em níveis psíquicos, únicos e inefáveis, infinitos, no sentido de expansão sem fim do repertório vivo. Para alguns, Bion estabelece a mudança de paradigma. O conceito de transformações carrega em si a ideia do novo, e não só do que é repetido.

Bion parece não descartar suas concepções originais de que Ψ é a função psicanalítica da personalidade, algo desconhecido que nos habita, e a função alfa é um fator dela. O objeto psicanalítico privilegia aquilo que está evolvendo da origem, do desconhecido, buscando existência, uma preconcepção dessa origem desconhecida.

Nos últimos três capítulos de *Transformações*, Bion propõe um percurso além do âmbito do conhecimento, dos desenvolvimentos do simbólico e do aprender com a experiência – um plano fora do conhecer. Nesse novo período, denominado *ontológico*, o objeto psicanalítico está no gerúndio, do ir sendo ou do tornar-se a realidade, do posicionar-se em sintonia ou do evitar a realidade psíquica não sensorial. Algo de que não se pode aproximar pelo conhecimento, que jamais será alcançado. Assim, o autor cria um alerta aos analistas: não interpretar de modo precipitado o que pode não ser analisável pela representação.

---

5 Não no sentido de uma divisão entre psicótico e não psicótico, mas do que pode ser conhecido, simbólico, ou não conhecido, não simbólico.

Além disso, as transformações em O instauram a instigante questão de se podemos mudar sem conhecer, ainda presente em muitos autores (Marra, 2021). Enfim, caminhamos do analista tido como neutro para o reconhecimento de um analista inevitavelmente implicado na sua função psicanalítica (Ribeiro, 2017).

Para Bion, o cerne da questão é a decisão do analista a respeito de qual dimensão da mente abordar, se estará disponível a estados não acessíveis pelo caminho simbólico ou do pensamento e a um estado de comunhão, algo que atinge o outro de forma direta.

Em "Notas sobre memória e desejo" (Bion, 1967/1990), focaliza-se o objeto psicanalítico por meio daquilo que é desconhecido, do qual nada deve distrair o analista. Essa postura facilita o contato com a realidade psíquica, que é inefável, inapreensível; podemos apenas descrevê-la de modo absolutamente pessoal. O vértice do objeto psicanalítico vai se tornando o viver a experiência na clínica. De fato, suas supervisões demonstram que, do ponto de vista clínico, Bion continua a valer-se tanto da teoria do conhecimento (1962-1965) quanto da proposta de contato direto com a realidade (transformações em O, a partir de 1965).

Segundo Bion, o analista deveria, durante as sessões, tentar estar nesse ponto em que o indiferenciado toma forma finita, ou seja, um ponto no infinito em que é possível "ver" os pensamentos à medida que surgem. Nesse sentido, T(O) seria caracterizado como algo novo acontecendo, algo diferente de T(K), que é o processar e pensar as experiências emocionais existentes na área do princípio prazer-dor (Vermote, 2011).

Nos últimos anos de sua vida, após 1976, em artigos, seminários e supervisões, bem como em *Uma memória do futuro*, Bion focaliza as manifestações de estados primordiais da mente. São vestígios arcaicos e pré-natais, não passíveis de serem registrados pelo córtex cerebral, mas que deixam marcas em órgãos como o tálamo, as adrenais e as gônadas. Eles estarão presentes no resto da vida do ser humano, na manifestação de terrores de ser só e dependente, de uma consciência moral primitiva (Braga & Mattos, 2009), bem como nos impulsos que urgem por existir.

Gostaria de concluir este artigo com um caso clínico em que o registro da sessão é a busca do vértice com base na descrição da experiência do analista em termos psíquicos. As transformações ocorridas também parecem variar entre transformações em conhecimento (K) e em ser (O).

A partir do pressuposto da importância da observação do analista, penso que a comunicação se estabelece dependendo do vértice pelo qual se faz essa observação, isto é, do que é sensível à lente do analista, à sua personalidade, ou seja, a "pública-ação" se relaciona e está determinada pelo pano de fundo da observação. Alguns analistas se atêm a dados de anamnese, diagnósticos, à lógica de causa-efeito, enquanto outros estão mais disponíveis para descrever a experiência psíquica que podem apreender, mesmo que de forma inexoravelmente subjetiva. Nesse caso ouvem os sons dos silêncios, sentem a ansiedade, visualizam fantasmas e precisam "pagar o preço" da decisão de sua "autopublicação", ou seja, de uma escrita na qual o analista está inevitável e inteiramente comprometido. Seria essa escrita a de um xamã? Será que o analista escreve o que absorve com sua sensibilidade talâmica ou subtalâmica? Será que está em alucinose?

Eva ou Evita

Aguardo um bom tempo. Evita chega correndo. Quando entra, não me olha e casualmente diz: "Teve a festa. Foram todos, menos você e o papai". Continua num clima muito dramático, descrevendo a situação. Do seu modo firme e claro, automático, sinto aumentar a distância entre nós. O clima é árido. Um discurso muito articulado e vazio. Quase uma encenação?! Sem emoção.

Procuro por mim, procuro não "des-existir", partir dali. Encontro-me sem energia para repetir a argumentação de que não poderia ir ao seu aniversário para preservar nossa relação. Aquele pensamento soa como uma ladainha. Uma reza?!

Seria fácil, penso, resolver essa minha angústia simplesmente dizendo que ela está se vingando de mim (de nós, de nosso tempo juntas), já que não pode dizer ao pai aquilo que sente ou pensa dele. Mas será que é o que sente? Sentimento? Pensamento? Decido permanecer em silêncio.

Evita continua seus lamentos espalhando todos os brinquedos de sua caixa pelo chão. Não tem parada nem sossego. Não para de falar e não para de atirar coisas para lá e para cá, como quem rapidamente não vê interesse algum em nada.

Os brinquedos, espalhados, perdem sua finalidade, sua discriminação. Destroços. Parece que estamos numa espécie de lixão. Permaneço num espaço muito restrito da sala, atrás do pequeno divã.

Diz que não pode gostar de C (o companheiro da mãe) para não desagradar o pai. Seu discurso é adulto, sem emoção. Sinto que participo de um teatro, como se ela fosse um papagaio repetindo frases que ouviu de outras pessoas. Uma matraca? Não eram as matracas que faziam barulho para imitar as metralhadoras? Estaria minha paciente impondo medo para não sentir sua fragilidade? Será que tenta me paralisar, ilhada como estou neste cantinho? Mergulhada em meio a tantas frases repetidas, penso que já não sei mais do que se trata.

Comento: "Que pena! Tua cabeça está tão ocupada com tanto barulho que não consegue nem brincar, ou pensar, estar aqui comigo".

Ela para e olha para mim. Continuo ilhada no cantinho. Como consigo sua atenção, insisto: "Olha só a nossa sala. Ficamos sem nada: sem brinquedo, sem brincadeira, sem encontro e sem conversa...".

Nesse momento parece que surge algo nela. Uma espécie de ternura. Recolhe todos os brinquedos parecendo muito preocupada e cuidadosa. "Preciso colocar tudinho no lugar!"

Logo depois pede um copinho e começa a picá-lo em pedacinhos. Conta que seu pai disse que não virá mais buscá-la, mas que ela acha que ele estava brincando. "Ouço" o tom sofrido da fala. Num relance, olho para o chão da sala e sou tomada por uma forte emoção. Não sei explicar, é um mistério para mim. Os pedacinhos de plástico espalhados pelo chão da sala, que os reflete como numa superfície espelhada. É muito belo. Parece-me uma "instalação".

Decido comentar minha impressão: "Puxa, você espalhou seu choro por toda a minha sala!".

Eva diz: "É, tenho medo de machucar meus pés!". Sugiro: "É como caminhar em caquinhos de vidro?".

Sinto seu olhar profundo apoiado em mim.

Saímos ambas impactadas...

Algumas reflexões a respeito das teorias e do caso clínico

O objeto psicanalítico parece ser um conceito abstrato que depende da teoria adotada, da formação e, sobretudo, da personalidade de cada analista. A experiência reportada com a pequena analisanda está no limite do descrito, fruto da vivência emocional que tento comunicar.

Evelise Marra (2021) propõe "pensar o objeto psicanalítico, ou mais estritamente o que fazemos, como o que se passa quando há oportunidade de construção de uma relação pessoal-emocional, onde a sinceridade, franqueza, intimidade, alicerçadas na fé de que algo surgirá do encontro, evolvam".

Cecil Rezze (1990) destaca:

> *O essencial é um estado mental do paciente com o qual o analista pode se conectar e, reciprocamente, uma produção mental do analista que o paciente pode usar para suas necessidades de crescimento mental – amor, ódio, refutação, agressão, enfim, qualquer uso que lhe seja pertinente.*

Percebo que na sessão utilizo minha intuição e privilegio as transformações em O. Entretanto, podemos pensar nas transformações em O sem o corolário das transformações em K, ou da intermediação do uso dos sentidos? Ou ambas as transformações, em O e em K, embora de naturezas diferentes, estariam sempre entrelaçadas e presentes em nossas apreensões? (Scappaticci, 2017). Parece que trabalhamos na cesura, no trânsito K↔O.

Ainda acerca da natureza do objeto psicanalítico, este seria um dado *a priori*, e assim a dupla analítica se debruçaria em sua investigação, ou algo criado?[6] Podemos supor um trabalho "poiético" da dupla, a recriação desse objeto sempre subjacente e aguardando realização?

---

6 Comunicação pessoal com Frochtengarten em 2021.

Parte II. Autobiografia do psicanalista: vida e obra entrelaçadas

6. *Taming*: transitoriedade entre si mesmo e o grupo[1]

Prelúdio

Esta escrita apoia-se no primeiro artigo que escrevi sobre o tema. Contextualiza o sujeito em sua simultânea dimensão intrapsíquica e interpessoal. O analista precisa ter "um olho no peixe, um olho no gato", uma visão que contextualiza. Decorre do estudo da autobiografia cujo curso intitulei de *Taming*, não no sentido estrito da tradução, mas pela sonoridade da palavra, como alguém que teima, persiste na jornada de crescimento.

> *Sustentados pelo aro, trinta raios rodeiam um eixo,*
> *mas é onde os raios não raiam que roda a roda.*
> *Vaza-se a vasa e se faz o vaso,*
> *mas é o vazio que perfaz a vasilha.*
> *Levantam-se paredes e se encaixam portas,*
> *mas é onde não há nada que se está em casa.*

---

1 Artigo originalmente publicado em: *Jornal de Psicanálise*, 47(87), 129-141, 2014.

> *Falam-se palavras e se apalavram falas,*
> *mas é no silêncio que mora a linguagem.*
> *O ser presta serviços,*
> *mas é o nada que dá o sentido*
> *Tao-Te-King (Paes, 2017, p. 326).*

Ao escrever sua autobiografia, Bion apresenta a psicanálise no centro da vida, uma atividade *autopoiética*, de autocriação, uma possibilidade sempre presente. Com frequência o autor cunha palavras, utiliza termos antigos, salmos, hinos, patrimônio de todos, algo da sua/nossa infância, repertório conhecido, um manejo cuidadoso de cada expressão, de repente, de modo não usual e surpreendente. Arrasta o leitor para o espanto da experiência. Procura estimular o outro (o analista) a reinventar-se, na busca de dar conta de si mesmo, de sua alma, de sua pena e de seu entorno. Após ter escrito grande parte de sua obra, o autor ainda escreve, *taming*, perscrutando, percorrendo, caçando-domesticando, por vias in-expressas da mente, *wild*, pensamentos selvagens. Estes, livres, impensáveis, de ninguém e da humanidade e, por isso mesmo, inapreensíveis.

Do mesmo modo, Italo Calvino (1988), em *Lezioni americane*, deixou seu testamento artístico identificando qualidades que somente o poeta e a literatura poderiam preservar – leveza, rapidez, exatidão, multiplicidade, consistência; virtudes norteadoras dos próximos milênios de nossa existência. Infelizmente, testamento, já que Calvino faleceu antes de completar a obra e, portanto, a sexta "pro-posta" permanecerá como atenção futura. O mesmo ocorre na poesia de Rudyard Kipling que Bion recitava quando criança, "The Elephants' Child". Bion a reapresenta como introdução do livro *Seven servants*, que reúne seus trabalhos do período denominado epistemológico por alguns autores, para descrever os sete pilares da sabedoria:

Eu tinha seis honestos serviçais
Eles me ensinaram tudo o que sabia
Seus nomes eram O quê, Por quê, Onde,
Quando, Como, Quem
Eu os enviei a leste e oeste |
Mas após terem trabalhado para mim
Eu dei a eles um descanso [e termina]: aquele que falta
completa os sete (Kipling citado por Bion, 1985, p. 19).

O elemento que falta é a marca essencial do humano. Permanecemos suspensos na incompletude, submetidos à nossa intolerância para o pensar, ou à espera do vir a ser.

O enfoque estético ou o recurso à qualidade poética possibilita permanecer em contato com a mente multidimensional que sustenta o paradoxo, expressão do pensamento subjetivo, de uma primeira experiência mental de si mesmo. Essa forma primitiva ou primeira do pensar, como a expressão poética e artística, está em íntima relação com o pensamento onírico e com o infantil (Gaddini, 1989). "Proponho a substituição dos dois princípios de funcionamento mental de Freud por três princípios de vida. São eles: 1. sentimentos; 2. pensamentos antecipatórios; 3. pensamentos + sentimentos + pensamentos" (Bion, 1979b, p. 471).

Assim, na busca artesanal pela palavra escrita, cada termo minuciosamente escolhido revela o engajamento e a consideração pela própria vida, o que é ao mesmo tempo incerteza e denúncia de nossa precariedade: PA-LA-VRA. O problema que o escritor Bion afronta é especulativo e metafísico, aquele que domina a história da filosofia de Parmênides a Descartes e Kant: a relação entre espaço e tempo absolutos e a nossa limitada cognição empírica de espaço e tempo.

> *Uma intuição instantânea que apenas formulada assume a "definitividade" que não poderia deixar de ser; mas também o tempo que escorre sem outra intenção a não ser deixar que os sentimentos e pensamentos se sedimentem, amadureçam, se destaquem de cada impaciência e de cada contingência efêmera (Calvino, 1988, p. 53).*

O autor Bion busca expressão para a condição humana, que é passageira. Faz, então, um salto para o futuro que soa como uma "pré-visão": o doloroso penar pela ausência da capacidade de pensamento diante da nossa condição de transitoriedade; crepúsculo. Penso que a relação intertextual apontada entre seus textos autobiográficos – recurso poético como apontado por Izidoro Blinkstein (2022) no prefácio do livro *Meu pai, um desconhecido?*, de David Levisky – seja essa possibilidade/capacidade do autor de realizar seus passeios pelo psiquismo. A intertextualidade seria como um livre acesso do consciente ao inconsciente e vice-versa, pela barreira de contato, e evoca o trabalho de transliteração, a tradição da tradução da Bíblia do hebraico para outras línguas, como fez Bion na escola, a psicanálise é tradução, transcriação – para utilizar o termo de Haroldo de Campos.

Ao falar do entardecer na Índia, paisagens psíquicas de sua infância, permanecemos na cesura confeccionada de imagens e sons, por exemplo. Bion conta que sua família se reunia próxima ao órgão portátil onde sua mãe tocava:

> *hinos sobre a verde colina – tão verde comparada à Índia queimada e árida do dia apenas terminado – e sobre os seus muros em miniatura, encastrados de joias. Pobre pequena verde colina; por que não tem muros de cidade em seu entorno? Precisei de muito tempo para me dar*

> *conta de que o poeta infeliz queria dizer que a pequena colina não tinha muros de cidade, e ainda mais para me dar conta de que ele queria dizer – por mais incrível que pudesse parecer – que ela se encontrava fora dos muros da cidade (Bion, 1982, p. 9).[2]*

Muitas crianças se equivocam sobre o significado de *without*, que quer dizer seja "fora de", seja "sem". Nessa pintura polifônica, o autor-poeta traz a personificação da natureza, a Verde Colina que, como a pequena criança, precisa servir-se de uma pele, do que denominará posteriormente nesse seu livro um *exoesqueleto*, para não ficar submetida ao *desamparo*. Esse seria um "espaço-pique-protegido" e seguro? Um espaço sagrado e misterioso? Questões abordadas por ele e que são esmiuçadas por nossos autores da psicanálise como Esther Bick, em seu conceito de *segunda pele psíquica*, e Frances Tustin, no *terror de aniquilamento*.

> *"Revesti-vos da inteira armadura de Retidão", disse São Paulo, era um texto que me trazia muito conforto – até que eu senti a inadequação de uma armadura moral. É maravilhoso o que pode ser feito com nada, mas quando colocada, é preciso uma boa dose de suor para retirá-la (Bion, 1982, p. 28).*

Meg Williams (2011) cita essa passagem em que o colo da mãe é ao mesmo tempo caloroso e seguro, tornando-se, de repente, frio e assustador. A autora enfatiza que a presença da mãe de Bion está associada aos seus chapéus, cuja singularidade evocativa contribui

---

2 O autor se refere a um hino que em inglês inicia-se com estes versos: "there is a green hill far away/ without a city wall/ Where our dear Lord was crucified/ Who died to save us all".

como brecha para adentrar na atmosfera daquela relação. Um chapéu ricamente ornado por cachos de uva, de que ele, pequeno, tanto gostava, mas que não era bem-visto quando ela ia à igreja, soava como se ela fosse *an abandoned woman*, uma mulher abandonada. E ainda, ao descrever o momento da separação de sua mãe em Delhi quando foi para a Inglaterra:

> *Não tinha nenhuma casa (lar) de que pudesse sentir saudades – somente pessoas e coisas. Então, quando me encontrei sozinho na quadra da escola preparatória na Inglaterra, onde com olhos enxutos tinha dado um beijo de adeus a minha mãe, pude ver, acima da cerca que me separava dela e da estrada que consistia na fronteira para a vastidão do mundo verdadeiro, o seu chapeuzinho que se movia aos trancos para cima e para baixo como um bolo-chapéu sobre a onda da cerca verde. E então ele se foi (Bion, 1982, p. 33).*

Esse chapeuzinho, descrito como *the milinery cake*, evoca a cena do tanque de guerra que se desloca pelo prado, experiência que o jovem Bion viveu na Primeira Guerra Mundial. Meg Williams (2011) complementa:

> *a dualidade é parte do sistema Big Brother pelo qual tudo parece desamparadamente subjetivo: ela o teria abandonado ou ele a ela? Em que sentido ela estava abandonada a si mesma? Embora a criança possa ler seus sentimentos em seu rosto..., há um embargo não reconhecido sobre qualquer expressão genuína de sentimento, o que faz*

com que suas próprias emoções permaneçam incontidas. Onde não existe linguagem para confronto de emoções, o pensar fica impossível, e assim "o problema da supressão da realidade psíquica está linguisticamente expresso"; ou ainda Bion expressa como este é evacuado: "como o sem palavras e o sem pensamentos estão juntos" (p. 7).

Em *War Memoirs* (Bion, 1997b), Parthenope Talamo Bion comenta que o pai, até o final de sua vida, nunca abandonou seu interesse pelo fenômeno da guerra e pela investigação do funcionamento de grupos, sobretudo pelo pressuposto básico luta-fuga. A sua teorização posterior, ela afirma, sobre a dinâmica de grupos (1961) utilizou a ideia da protomente como a matriz que substancia o fenômeno dos pressupostos básicos; e acrescenta:

> *suspeito que a experiência de pânico descrita em seu Diário de guerra, dar-se conta dos contagiantes efeitos da alta ou da baixa moral . . ., assim como sua percepção dos efeitos degradantes do tédio e da completa falta de disciplina, tudo isto foi parte da experiência emocional real na qual a sua teoria se baseia (p. 311).*

Para alguns autores, como Lopez Corvo, Meg Williams, Mary Jacobson, entre outros, *The long week-end* é um meio de prover uma introdução, uma complementação, à leitura dos três volumes de *Memórias do futuro*, iluminando algumas obscuridades da vida e da linguagem privada, bem como pontos subjetivos e singulares de referência: Arf Arfer, o pássaro da febre, o jardim hortifruticultural. Temas, conjecturas, pequenas histórias aparecem como continentes forjados, uma linguagem que é ao mesmo tempo subjetiva e exitosa em provocar a experiência e, assim, comunicar, "colocando num conjunto, o método externo e interno de aproximação, a formulação do fenômeno o mais próximo possível do nômeno" (Williams, 2011, p. 16).

Na autobiografia, portanto, a "verdade" em psicanálise está próxima da verdade poética e estética... É como contar um sonho. *O taming*, o esforço de Bion em sua Grade pessoal, oferece um modelo ao analista, à procura de seu método para alcançar o público contemporaneamente ao seu espaço mais íntimo e privativo: social-ismo, narcisismo, uma "transiência" contínua. O *taming* busca encontrar formulações provisórias onde o valor constante prejudica a flexibilidade necessária para o desprendimento e a disposição para o sentir os sentimentos, pensar premonitoriamente, expandir a mente em um novo pensamento, os três princípios de vida (Bion, 1979b). Trata-se de uma proposta de acolher a nós mesmos, nossa condição humana de incerteza. Visa retirar do desamparo as ideias que ainda virão e que, quem sabe, continuarão presentes na mente do analista sem ganhar maior sofisticação.

> *Abordei exaustivamente a questão e outras como: "o xarope dourado é mesmo feito de ouro?"[3] – primeiramente com minha mãe, e em seguida também com meu pai, mas sem ficar satisfeito com nenhum dos dois. Concluí que na verdade minha mãe não entendia bem destas coisas; apesar de ela tentar de todos os modos, parecia tão desconcertada quanto eu. Com meu pai as coisas se complicavam ainda mais. Ele começava a explicar, mas parecia irritar-se quando eu não entendia a sua explicação. O clímax se deu quando repeti a minha*

---

3 Aqui seria o melado, em inglês, *golden syrup*.

*pergunta sobre o xarope dourado pela "centésima vez".
Ele ficou muito bravo. Poxa, disse minha irmã em tom
apreciativo (Bion, 1982, p. 9).*

Gap: o analista focaliza em sua observação o hiato entre o que é dito e a emoção que transparece. Observa a distância entre o infante e seu grupo, interno ou externo.

A diferença de vértice entre o menino, cheio de perguntas – interessado em questões, como o destino da *Pity my Simply City*, do tigre, entre outras "personificações de sua natureza psíquica", do pequeno Bion –, e seu pai, um engenheiro que construía ferrovias pela Índia, culminou no episódio da expedição de caça (*The Big Game Shoot*), dia do aniversário de Bion. O autor descreve a tensão entre o indivíduo e seu *establishment*, a criança e a sociedade; esse episódio evoca o nascimento psíquico ou ainda o encontro entre caça e caçador – o acampamento foi rondado à noite pela fêmea do tigre que tinha sido morto e que em seu rugido invocava seu réquiem. Na ocasião, Wilfred ganhou um trem elétrico que infelizmente logo parou de funcionar, para a frustração sua e de seu pai. Sua Aya tinha ensinado ao portador como funcionavam os "terrenos-elétricos". Ocorreu então uma tentativa de curar o trem pelo método oriental, passando nele a melhor manteiga e deixando-o ao sol. "Desta vez meu pai se virou e fugiu. Tive medo de que ele fosse chorar e, na verdade, ele deve ter ficado muito desapontado" (Bion, 1982, p. 17).

Outro hiato, outra cesura entre o método oriental, expressividade, e o ocidental, representatividade.

Aqui, os estímulos sensoriais parecem estar mais próximos à experiência vivida, trazendo o frescor da emoção. Giuseppe Civitarese (2011), questionando a atribuição de um *status* mais elevado aos elementos alfa em relação aos elementos beta, os coloca em correspondência, arriscando a hipótese de que os elementos beta seriam os contêineres para o primitivo da mente, seus vestígios, o território mental anterior à possibilidade do verbal, o "pré": "pré-concepções, pré-monições", mitos da pré-humanidade; algo que pode ser aproximado pela intuição. Seria como pensar que estivemos aqui antes de nós mesmos? Alguma coisa maior...

> *Posteriormente, parecia que tivesse sido criado (imposto) tal abismo entre a matemática aplicada e aquela pura que não conseguiria satisfazer-me propriamente, naquele tempo ou agora, a respeito da conexão (relação) entre o número cem e pela centésima vez (Bion, 1982, p. 10).*

Transformações: a distância entre a geometria sensorial e a álgebra abstrata

> *Arf Arfer era muito assustador. Algumas vezes, quando ouvia os adultos conversando, eles caiam em gargalhadas sem sentido. Arf! Arf! Arf! Faziam. Isto acontecia especialmente quando eu e minha irmã tínhamos dito alguma coisa. Nós os olhávamos sérios, os olhos arregalados. Depois, íamos a uma outra sala e nos exercitávamos. Arf, arf, arf! Eu dizia. Minha irmã unia-se a mim estridentemente: Arf, arf, arf; e no final dava vontade de rir, porque a coisa parecia boba...*

> *Às vezes em meus sonhos pensava ouvir Arf Arfer arfando. Era um rumor terrivelmente amedrontador. Uma vez os chacais sentavam em um círculo enquanto um deles emitia um "fiau". Era terrível. "Este é um Arf Arfer",*

eu pensei. "Arf Arfer era parente, mesmo se distante, de Jesus, que por sua vez, estava implicado em nossos hinos: Jesus me ama, isto eu sei/ porque a Bíblia me disse assim" (Bion, 1982, p. 13).

Arf Arfer, o início do Pai Nosso (*Our Father who are in Heaven...*) assim como ressoa ao ouvido infantil, é a lembrança da poderosa risada dos adultos, personagem aparentado com Jesus, verbo de conotação sexual "*arfing*", superego monstruoso que aparece de vez em quando... Intraduzível.

A distância entre os vértices no indivíduo e no grupo parece ser o pano de fundo desse romance autobiográfico. Bion, mais velho, reinventa-se nos olhos de um menino. Um garoto extremamente sensível e atento ao funcionamento mental de si próprio na relação com seu grupo. Aqui, o Édipo (Bion, 1957/1994b) é entendido como uma preconcepção da humanidade, entrada do indivíduo no grupo. A criança intui a personalidade das pessoas e a atmosfera que as envolve. Experiência emocional tão intensa que a fará ir em busca de expressão o resto da vida; busca por sua realização. Em sua descrição, Bion observa o método pelo qual cada um conhece e lida com a verdade. A criança curiosa que faz perguntas, o adulto que, submetido ao superego severo do grupo, já abandonou há tempos sua capacidade de perguntar, criar. Ao reforçar o vértice estético da psicanálise em seus seminários de Paris, em 10 de julho de 1978, o autor comenta:

Não podemos nos dar ao luxo de botar de lado as conjecturas imaginativas, com o argumento de que elas não são científicas – seria como jogar fora a semente de uma planta [Continua reforçando a ideia de considerar o consultório do analista como um ateliê]... Que tipo de

> *artistas podemos ser? Um ceramista? Um pintor? Um*
> *músico? Escritor? Na minha experiência, um número*
> *enorme de analistas não sabe que tipo de artistas são*
> *(López-Corvo & Morabito, 1978, p. 4).*

Ao ser questionado sobre o caso de os psicanalistas não serem artistas, responde, então, que erraram de profissão. O psicanalista busca na arte a expressão do psiquismo.

Assim o *taming* consiste no escrutínio, na observação da personalidade, da atmosfera criada no grupo. Investigação presente em toda a sua obra, na reversão de perspectiva da experiência em grupos, em continente e contido, no místico e o grupo.

> *Tínhamos uma belíssima imagem na qual estavam prefi-*
> *gurados vários animais, incluindo um leão e um carneiro;*
> *um menino de camisola (poderia também tratar-se de*
> *uma menina) estava em pé com o braço em torno do*
> *pescoço do leão. Todos estavam ali sem fazer nada de*
> *particular, como os personagens dos saltimbancos de*
> *Picasso. Sem fazer nada em particular. Ninguém acre-*
> *ditava que eu pudesse permanecer ali, sem fazer nada*
> *(Bion, 1982, p. 18).*

Nesse episódio, Bion continua a questionar a mãe e descreve sua familiar inquietude com a fase rosa de Picasso, *La famille de saltimbanques*. O artista se dedicou a esse mesmo tema em muitos trabalhos, alterando a composição, acrescentando figuras. A paisagem é sempre desolada e, apesar de o pintor reunir os personagens numa bela composição, muito bem equilibrada, cada figura está psicologicamente isolada uma da outra. E do espectador. Nessa fase rosa, ou do circo, ele se afasta do azul que denotava sofrimento, mas nessa obra-prima o espírito de introspecção e de triste contemplação da vida ainda prevalece.

Cada um olha para fora da pintura:

> *A postura de minha mãe era seguramente mais amorosa, sinceramente mais amorosa do que aquela de meu pai; isto nela não era uma postura; o que nele era. Ela nos amava; ele amava a imagem que tinha de nós. Ela sabia ter incorrigíveis moleques, e renunciava a suportar este fato. Meu pai sentia um amargo rancor dirigido à ameaça de uma realidade que pudesse colocar à prova aquele parto de fantasia (Bion, 1982, p. 23).*

Bion busca permanecer na cesura, propondo assim um novo paradigma. Olhando dentro e fora, nos vários vértices, intrapsíquico e interpessoal, a intensa tensão entre o grupo e o indivíduo transparece o tempo todo. Salmos, hinos, histórias, alegorias no meio do discurso, as religiões como invólucro diante da fragilidade ou como teorias para explicar o mundo e se acalmar. O tempo todo tem algo novo ou alguém morrendo, ninguém sabe se vai para o céu ou para o inferno. As profecias e o determinismo paralisante traçam o destino do sujeito que fica envolto pela persecutoriedade. Há a necessidade de dar figurabilidade a uma emoção que ainda não nasceu e se materializa no papel. O anacronismo aparece nos vários tempos presentes na mesma página como um retrato multidimensional. Bion se apresenta por meio do personagem do livro *Eric, or, Little by Little: a tale of Roslyn School*, de Frederic W. Farrar, um romance vitoriano ditado pela severa moral e pelos ditames em que morrem multidões de meninos "maus", até mesmo o próprio Eric, "a cada quarta-feira lembrávamos que alguém estava morrendo, a cada domingo, eu mesmo morria" (Bion, 1982, p. 36). Perceber-se com uma realidade mental desde cedo pode ser uma grande qualidade, mas impõe sofrimento diante da grande maioria das pessoas que prefere não considerar a realidade do psiquismo. Impõe, também, cuidado com seu próprio talento "Faz teu aquilo que herdaste...", frase de Goethe, citada por Freud.

Durante a escola, Bion e seus colegas traduziam o evangelho. Sua família era descendente de huguenotes, calvinistas provenientes da França. Assim, a tarefa proposta pela escola reproduzia uma tradição de seu grupo, desde a Reforma: os reformistas traduziam e comentavam os cânticos dos pobres de Israel, que se tornaram a base de toda a Bíblia hebraica. Ao ler a autobiografia, sentimo-nos próximos à transliteração, ou seja, à representação do texto original por meio de caracteres latinos para que possam ser pronunciados da forma mais próxima possível da língua em questão por leitores, por exemplo, brasileiros. Traduzir a autobiografia é como a transliteração, publicar o mundo interno em linguagem de senso comum do grupo, um investimento da mãe ou do analista. Como proposto por Haroldo de Campos, toda a literatura é fruto de transmigração, transcriação. A Bíblia, como os textos sagrados, é testemunho do funcionamento mental da humanidade. Ele afirma numa entrevista:

> *prefiro a vanguarda à retaguarda. Mesmo que não use o conceito de vanguarda e sim de invenção, terei Camões, Goethe e Dante como inventores da linguagem... Na medida em que a Bíblia é um grande poema, inovador, e para muitos, divino, Deus é um poeta da vanguarda (Campos, 1991).*

A cultura religiosa é utilizada para "manter-se coeso" – "calçado pelo evangelho" (Bion, 1982, p. 45) – ou ainda para a descrição mítica e poética dos estados mentais. Escrever a autobiografia é um ato de fé, de busca do indivíduo por si mesmo, de resiliência ao próprio naufrágio, imerso em seu grupo.

Bion faz menção ao salmo de Davi:

> *O SENHOR é o meu pastor; nada me faltará. Ele me faz repousar em pastos verdejantes. Leva-me para junto das águas de descanso; refrigera-me a alma. Guia-me pelas veredas da justiça por amor do seu nome. Ainda que eu ande pelo vale da sombra da morte, não temerei mal nenhum, porque tu estás comigo; o teu bordão e o teu cajado me consolam. Preparas-me uma mesa na presença dos meus adversários, unges-me a cabeça com óleo; o meu cálice transborda. Bondade e misericórdia certamente me seguirão todos os dias da minha vida; e habitarei na Casa do SENHOR para todo o sempre (Sl. 23:1-6 Almeida Revista e Atualizada).*

Esse salmo pode ser pensado dentro da tradição católica, ou seja, como prece para afastar os perigos e as aflições, como crença ou, ainda, como ato de fé, aproximação do próprio sujeito à sua condição ínfima diante do infinito mistério do universo. Uma das traduções diz que Davi era o irmão mais novo entre os numerosos filhos de Jessé. Segundo o profeta Samuel, Davi, quando inspirado por uma força divina, matava feras para defender as ovelhas de seu rebanho. Daí a forte referência pastoril.

Na Inglaterra, como na Índia, a pronúncia é um forte indicador dos estudos e da classe social, da casta a que a pessoa pertence. Bion parece brincar com a prosódia das palavras no texto, *God, Good* e *Gud* convivem antes de serem extintos ou anteriores à repressão. Deus escolheu Gedeão, um jovem da tribo de Manassés, para libertar

Israel da adoração a seus vários ídolos (Jz 6, 36-40). Em um *Pantheon* de deuses, personagens, objetos parciais e não integrados, o funcionamento da mente é no contemporâneo politeísmo e monoteísmo, palimpsesto. Bion está interessado na pré-história do humano e, portanto, sua abordagem é pelo mito, no onírico: "Orsu, soldado de Cristo"; "Se você está cansado, está fraco, está pego por amargos tormentos"; "Você é fraco?" – essas são formulações usadas para tentar descrever estados mentais (Bion, 1982, pp. 50-51). Aqui, parece descrever estratégias de guerra para livrar-se da culpa diante de um superego severo e cruel, o grupo despersonificando o sujeito que permanece nele submerso.

Mais adiante, o pequeno Bion visa tentar uma discriminação frente ao estranhamento: está chovendo lá fora e Wilfred quer que o grupo da escola toque "Sol esplendente". Parece que o estilo militar da música serve como elemento organizador, numa tentativa de permanecer coeso e integrado. Em outro trecho, Bion (1982) afirma que o ditado "sei que o meu redentor vive e no último dia estará em pé sobre a terra" (p. 41) pode ser traduzido para: "porque sei que o meu vingador vive e no último dia estará em pé sobre a minha tumba" (p. 48). Aqui vemos a tentativa de uma tradução mais próxima da vivência de um menino que descobre o descompasso entre dentro e fora de si mesmo, sua vida mental.

O autor descreve o crescimento na desidealização, na desilusão e na saída da indiferenciação grupal.

> *Nenhum colégio poderia ser tão mau como as histórias de terror que nós inventamos para nós mesmos. Era esta a fonte das tormentas espantosas a que estamos sujeitos? Tais desastres e cataclismos não podem ser descritos. Eles ainda me perseguem; ainda agora eu sou impelido a escrever, mas o que escrevi é, assim que foi escrito, uma*

> *entediante trivialidade da vida de moleques mimados*
> *e demasiadamente privilegiados (Bion, 1982, p. 51).*

Enfim, em sua escrita Bion recupera e utiliza a visão de estranhamento (*outsider*), retoma "notações" interrompidas de sua infância, não mais como obstáculo a ser afastado nem como triunfo, mas com a finalidade de sair do "senso comum" do grupo para buscar uma interlocução mais fina consigo mesmo. A perspectiva de um vértice singular ao próprio indivíduo, mas até então incomum ao grupo, busca reinventar-se para poder, assim, reatar a comunicação.[4] A autobiografia é o *taming*, tensão e garimpo, testemunho do trabalho infindável para toda a vida, investimento vivo de autoedição, autopublicação.

> *mas vi tudo isso*
> *tudo isso e mais aquilo*
> *e tenho agora direito a uma certa ciência*
> *e a uma certa impaciência*
> *por isso não me mandem manuscritos*
> *datiloscritos telescritos*
> *porque sei que a filosofia não é para os jovens*
> *e a poesia (para mim) vai ficando cada vez*
> *mais parecida com a filosofia*
> *e já que tudo afinal é névoa-nada*
> *e o meu tempo (consideremos) pode ser pouco*
> *e só consegui traduzir até agora uns duzentos*
> *e setenta versos*
> *do primeiro capítulo da Ilíada*

---

4 A tensão entre narcisismo e social-ismo é citada pelo autor e entendo que seria a desilusão narcísica necessária para a entrada no grupo com a companhia de si mesmo.

e há ainda a vontade mal-contida
de aprender árabe e iorubá
e a necessidade de reunir todas as forças disponíveis
para resistir a Mefisto e não vender a alma
e ficar firme
em posição de lótus
enquanto todos esses recados ambíguos (digo: vida)
caem na secretária electrônica.
(Trecho da poesia "Meninos eu vi", de Haroldo de Campos, 1991).

7. *M'illumino d'immenso*:[1] ficções e narrativas da autobiografia[2]

Este foi o segundo artigo que publiquei a respeito da autobiografia visando aprofundar o indizível e suas narrativas. O terceiro capítulo de *The long week-end* e a guerra ganham premência no terror e no encantamento. A meu ver, uma "segunda chance" de nascimento psíquico é oferecida com a oportunidade da psicanálise.

Desde crianças somos expostos às histórias. Histórias contadas por nossos avós, de como nossos pais se conheceram, histórias de professores e amigos, mitos e lendas. Aprendemos que o único modo de aproximação para contar nossas histórias acerca de nosso mundo interior é a imaginação. A mente é a função geradora de metáforas.

Ao contrário do que muitos supõem, a autobiografia de Bion não é um livro autobiográfico no sentido estrito da palavra. São

---

1 Texto do poema "Mattina", de Giuseppe Ungaretti (1888-1970), poeta que, como Bion, lutou durante a Primeira Guerra Mundial, que causou a morte de tantos poetas dos primeiros movimentos modernistas, como August Stramm, Isaac Rosenberg e Guillaume Apollinaire. Em seu primeiro livro, *Il porto sepolto*, traria à luz os poemas mais enxutos e concisos do primeiro Modernismo, exemplo claro do "minimalismo necessário" que pode ter inspirado Bion.

2 Artigo publicado originalmente em: *Jornal de Psicanálise*, 51(95), 229-242, 2018.

136 M'ILLUMINO D'IMMENSO

perguntas que não cessam de assombrar.... Qual é a relação entre a verdade factual, a memória biográfica, e a verdade imaterial, a autobiografia? Qual é a chance, em nosso trabalho como psicanalistas, de "escrevermos" uma verdadeira autobiografia?

Bion (1982) já nos adverte, na introdução do livro *The long week-end*:

> *Qualquer um poderia "saber" sobre que escola, regimento, sobre quais colegas, amigos eu escrevo. Em todos os sentidos exceto os mais superficiais eles estariam errados. Eu escrevo sobre "mim". Eu o faço tão deliberadamente porque tenho consciência de que isso é o que eu faria de qualquer maneira. Também estou mais próximo de alcançar minhas ambições se escrever sobre a pessoa que conheço melhor do que qualquer outra – eu mesmo (p. 8).*

Portanto, a narrativa autobiográfica é como contar um sonho ou uma sessão. Está comprometida com a busca de verdade e não segue as regras do senso comum, a cronologia, a lógica ou a razão, a resolução de conflitos ou o pressuposto de eliminar e evitar a tensão. A tensão é uma condição intrínseca ao viver. A ansiedade, embora sem possuir atributos sensoriais, é a mola propulsora da vida. É preciso aprender a lidar com a própria personalidade.

O vértice que dirige o analista/autor é *wild life*. Viver a experiência emocional, ou o encontro psicanalítico, ou a possibilidade de encontro "con-si-go-mesmo" é retratado como algo selvagem. As metáforas surgem como modelos, "episódios" realmente acontecidos? Sabemos que não. Afinal, a autobiografia é uma transcrição de uma realidade interior, *do psíquico*, sobre a qual nunca se tem conhecimento direto e completo. Algo original presente desde sempre, a infância, a juventude que o poeta recupera. Seria como a fonte, a matriz – e de fato é para todos nós – da sua/nossa metapsicologia.

A experiência infantil aparece como fonte primordial e imagética, origem (O), constitui o material de seu sonho diurno, o que pode servir como os fundamentos de sua especulação sobre a natureza da mente: descoberta de uma epistemologia pessoal. Esse é, aliás, um objetivo da psicanálise: descobrir a epistemologia pessoal, algo muito particular a cada um de nós.

A vida e a obra do analista estão autoimbricadas, conhecedor/objeto do conhecimento: a psicanálise é uma experiência autobiográfica sempre, uma descoberta para a dupla, na relação analista-analisando.

Em "A aurora do esquecimento" (1979a), Bion descreve o encontro entre continente e contido atravessado por vários personagens na fronteira entre a ilusão e a realidade, de que derivam os pensamentos novos ou não nascidos que, porém, poderão morrer, se não conseguirem despontar.

O autor nos remete à ideia de que viver o encontro, a experiência emocional na sala de análise, é algo arriscado, não livre de perigo, como veremos no terceiro capítulo da autobiografia, relatado a seguir.

O mundo interior é descrito como uma caçada,[3] com alguns animais domados em nosso zoológico psicanalítico, outros indigestos, que não podem ser sonhados ou que serão sonhados em nossos pesadelos... A autobiografia é como contar um sonho ou um naufrágio de um sonho, o naufrágio do sonhar, do pensamento.

Lendo inúmeras vezes a autobiografia de Wilfred Bion, não me canso de voltar ao terceiro capítulo do livro, em que ele descreve a expedição de caça que coincide com seu aniversário em 1903.

---

3 Williams (1985) relaciona esse encontro com *an otter hunt*, uma caçada às lontras: a ambivalência da latência em direção a fatos recém-nascidos ou a ideia de gravidez. Claramente existe uma alusão aos meninos limpadores de chaminés, uma caçada contra a morte.

A intensidade emocional do relato é a expressão do encontro entre a caça e o caçador abrindo a possibilidade de nascimento psíquico. Parthenope Bion escreve no posfácio do livro *War Memoirs, 1917-1919* (Bion, 1997b) que, até o final da vida, Bion estava interessado em algo de que teve pouco tempo para se ocupar: guerras, grandes grupos e o pressuposto básico de luta e fuga.

É possível estabelecer relações que a própria obra e a postura do autor estimulam, questões acerca do objeto psicanalítico: a oscilação presente nas duas Grades[4] entre o objeto científico e o estético, algo descrito nos artigos sobre as controvérsias a respeito das ideias do "*late* Bion" publicados pelo *International Journal of Psychoanalysis* (Vermote, 2011); a influência dos filósofos da ciência, da física quântica e da matemática, da filosofia oriental, dos poetas ingleses, entre tantos argumentos.

O vértice que gostaria de introduzir nesta escrita é justamente o temor e o evitamento de O, o clima emocional de ameaça. É como se a própria alma fosse sentida como infernal. Como um anteparo, o clima emocional que prepondera é o pressuposto básico de luta-fuga, o temido impacto entre a caça e o caçador, a turbulência emocional diante do próprio encontro-desencontrado, já que permanece sempre um *gap*, um hiato.

Diante da antevisão/do contato com a própria infinitude, sentida como muito distante, dentro e fora dele mesmo, a realidade última aparece em múltiplas perspectivas. Arf Arfer e o tigre em

---

4 Nas duas versões de "A Grade" (1963, 1977), notamos o esforço e a ousadia de Bion visando criar um modelo epistemológico de precisão científica para a psicanálise. A segunda versão da Grade acaba por expandir a fileira C (mitos, sonhos e paixão) como uma espécie de ponto alto na comunicação, linguagem de alcance. Assim, enquanto na primeira a classificação do objeto psicanalítico se realizaria norteada pelo conhecimento, pela representatividade, na segunda é pela prioridade do estético, da expressividade ou ainda por meio da "mensuração da distância de O" (Vermote, 2011).

seu réquiem,[5] ambos acionam o terror, os pressupostos básicos de dependência, de acasalamento, de luta e fuga, ou ainda uma disposição a reverenciar (*awe*), diante da imensidão do psíquico: evitar O, o contato com nossa condição de infinitude, a própria essência, ou estar disponível às suas emanações?

Pensemos na mágica acústica do ronronar do tigre, como num pesadelo diurno, tigre fêmea cujo macho teria sido morto por seu pai, um exímio caçador, em sua fantasia. No livro, Bion (1982) faz referência a vários caçadores. Tudo isso atinge um clímax, levando o menino a sentir o som nascendo e estremecendo a terra e a tenda, como se ele estivesse dentro da barriga do tigre.

Outro modelo seria o de Pinóquio dentro da baleia, ou ainda poderíamos pensar o elemento de psicanálise preso no interior da jaula da Grade? Afinal, o som sai de dentro dele mesmo ou vem de fora dele? Esta é indagação útil, sempre: de onde sai o "barulho", o que nos perturba, nosso próprio tumulto, "tu-muito" (*too much*)? *Sounds of silence.*

Como uma espécie de precursor do encontro com o tigre, o menino é presenteado por seu pai com um trem elétrico. Presente carregado de significados e ansiosamente aguardado, parece evocar que o encontro é sempre marcado pelo desencontro, nunca é o bastante.

Em análise, estamos à procura de nós mesmos, da aurora de nossa inteligência, e não necessariamente dos conteúdos, relatos dos fatos de nossa vida ou de nossa infância. Queremos algo mais. Nas palavras de Manuel Bandeira (1993): "queremos descobrir o segredo de nosso itinerário em poesia" (p. 33).

Bion (1982) descreve: "Hora de ir à escola para tirar essa besteira da cabeça – eu não tinha uma mente nessa época, apenas uma 'cabeça'.

---

5 O episódio do réquiem do tigre poderá ser lido a seguir na transcrição do terceiro capítulo da autobiografia.

Essa fase tinha mesmo um crepúsculo. Sem dúvida deveria ter sido a alvorada – o alvorecer da inteligência" (p. 19).

No artigo "Escritores criativos e devaneio" (Freud, 1908/1996e), somos tocados pela asserção de que o escritor (analisando) quer saber de que fontes internas o poeta (analista) se alimenta, se reinventa, o quanto é capaz de viver sua emoção e de provocar no leitor as fontes de sua imaginação.

Para Freud (1908/1996e), a criação literária é como um devaneio (sonho diurno) substituto de antigas brincadeiras de criança.... Toda criança que brinca é um poeta, um contista; a brincadeira é a narrativa de encontro.

Aqui, de novo, a concepção de os elementos dos quais a psicanálise se ocupa não serem meramente conteúdos. As lembranças e os objetos internos são como "retratos" em sua real natureza de ficção. Essa ideia parece estar presente na parte final de *Atenção e interpretação* (1970), no qual Bion faz uma alusão à mãe finita e infinita ao mesmo tempo.

Nesse sentido, dos objetos internos, sentidos como elementos constituintes do mental, algo fugaz e inapreensível, Bion tece em sua obra uma interlocução permanente entre suas ideias e as de Melanie Klein: Bion ↔ Klein. Interlocução expressa no alternar entre os objetos escolhidos em sua narrativa, entre o trem e o tigre, o desconhecido e o incognoscível, o método ocidental e o oriental.

Apresento neste momento uma parte do capítulo 3 do livro *The long week-end* (Bion, 1982) como caso clínico. Ao longo da transcrição do texto, teço alguns comentários.

> *Um dia, houve uma expedição de caça para a qual meu pai foi convidado por ser bem conhecido como um bom atirador. Os preparativos estavam acontecendo há algum*

tempo, mas minha irmã e eu não sabíamos nada sobre o grande dia, que veio e foi sem que o nosso pequeno mundo no acampamento fosse perturbado. Enquanto viajávamos pelo país com meu pai em suas visitas, os acampamentos habilmente erguidos e munidos de uma equipe de indianos pagos e contratados pelo governo eram um caso e tanto e abrigavam cerca de cinquenta engenheiros e outros que como nós eram membros das famílias dos técnicos mais bem pagos. Sendo da comitiva do "Chefe", minha mãe, minha irmã e eu éramos como uma realeza local insignificante. Não havia outras crianças, então um ou outro indiano que estivesse temporariamente desocupado geralmente era encarregado de ficar de olho em nós para que não nos perdêssemos.

A caçada foi no meu aniversário, o dia para o qual meu trem elétrico foi projetado. Ele foi desembrulhado por mim e depois de muitas tentativas desajeitadas se revelou. Era uma beleza, um modelo de um dos mais recentes trens de Londres, talvez até mesmo do primeiro trem elétrico de Londres. Com uma febre de excitação que notei com satisfação não ser compartilhada por minha irmã, ele foi configurado, a bateria foi fixada e o motor disparou com um ligeiro empurrão do dedo do meu pai.

Essa sacudida inicial foi a maior velocidade que chegaria a atingir. Enquanto observava o seu triste rastejar, tentei vê-lo devorando as milhas em sua corrida precipitada pelo espaço; talvez tivesse conseguido se ele não houvesse, como meu tanque muitos anos depois, parado. Simplesmente parou.

"Parou?" eu disse inquisitivamente. Meu pai estava tão chateado quanto eu. Pegou o trem e o examinou. Eu olhava para seu rosto e, enquanto olhava, podia ver por sua expressão que realmente tinha parado. Minha irmã, que estava sendo ensinada a ler pela mãe, ganhou vida. "Ponto final?" Ponto final mesmo. "Tudo bem", disse meu pai com vivacidade, "logo vamos fazê-lo andar assim que eu tiver visto a correspondência", e foi para a tenda do escritório.

Contei ao mensageiro que era um bom amigo meu, mas não engenheiro. Ele me tranquilizou e, mobilizando suas crenças religiosas, levou o trem para a barraca de suprimentos de cozinha. Lá ele o besuntou abundantemente com manteiga clarificada. "É a melhor manteiga", disse a Lebre de Março. Então ele o deixou ao sol quente, dizendo-me que, depois de uma hora ou mais, ele se moveria curado.

"Ele vai andar rápido – muito rápido de verdade? E tão rápido quanto... ?" Não pude pensar em nada rápido o suficiente, mas se pudesse, certamente seria.

Mais ou menos uma hora mais tarde, meu pai me encontrou sentado olhando-o. "Agora", ele disse, "deixe-me pegá-lo e logo nós conseguiremos... Mas, o que é isso?" Ele o largou de repente para limpar os dedos melados com aquela coisa gordurosa.

"Você fez isso?"

Graças a Deus, não. Arf Arfer batendo suas grandes asas negras já tinha obscurecido o sol. Eu me encolhi. Temi. Queria avisar meu amigo mensageiro que fugisse correndo por sua vida antes que Arf Arfer o pegasse.

"Não fiz nada", eu disse começando a chorar.

Minha irmã, que sempre aparecia na hora errada, já havia começado a gritar. Por um momento selvagem, tive um impulso, imediatamente sufocado, de apontar para ela e dizer que ela tinha feito isso.

Dois pirralhos gritando em suas mãos era demais. Dessa vez, meu pai se virou e fugiu. Eu tive medo de que ele chorasse e, de fato, ele deve ter ficado amargamente desapontado.

Eu não me importava. O céu estava claro; o sol brilhou; Arf Arfer tinha ido embora.

Em última análise, até mesmo o mensageiro foi salvo milagrosamente porque, embora ele não pudesse afirmar que era a melhor manteiga, ele poderia citar, como sua autoridade para o tratamento, a aia. Foi ela quem lhe falou sobre "terains" elétricas.[6] A cabeça dela tremeu quando a tempestade se abateu sobre ela, mas como um junco abalado pelo vento, ela se curvou e a fúria passou por ela.

---

6 A aia faz confusão e o autor cria uma corruptela entre as palavras trains e terains.

Naquela noite, Arf Arfer ficou aterrorizado "como o Rei dos Reis". A caçada tinha matado um tigre e o corpo tinha sido levado para o nosso acampamento. Sua companheira veio reivindicá-lo e, durante as duas noites seguintes, o acampamento foi rodeado por fogueiras e tochas brilhantes para mantê-la fora. Com sua grande boca e cabeça direcionadas para o chão, de modo a disfarçar sua localização, ela rugia seu réquiem. Até o meu medo eu engoli totalmente em espanto, pois de dentro de nossa tenda parecia vir uma grande tosse e então um forte rugido da garganta da tigresa em luto. Toda aquela noite e na noite seguinte também isso continuou, enquanto até mesmo nossos cães mais corajosos tremiam, rosnavam e se encolhiam. Assim que o sol se punha, dando vez à orquestra da noite tropical, nós notávamos a presença desse som a mais.

"Ela não vai nos comer, papai? Você tem certeza de que não vai?" Dormimos seguros nas tendas naquelas noites. Na terceira noite, sua vigília foi curta. Ela foi embora antes da meia-noite e não veio mais.

Perguntei a minha mãe algumas noites depois se ela achava que Jesus amava a tigresa. Ela pareceu surpresa no início, mas depois de pensar um pouco, disse que tinha certeza que sim. Fiquei feliz porque não queria que a tigresa se sentisse sozinha.

"Onde está ela agora?" "Oh, eu não sei, filho, muito longe, eu espero. Por que você pergunta?" "Lembre-se

também dos animais humildes", diz o Memorial da Guerra de Edimburgo. "Longe, longe; onde os Santos em glória estão, brilhantes como o dia." Como o tigre iria se virar lá? Tínhamos uma bela figura com uma coleção de animais, incluindo um leão e um cordeiro; um garotinho, ou talvez fosse uma pequena menina, vestindo uma camisola, estava em pé com o braço em volta do pescoço do leão. Eles estavam lá sem fazer nada em particular, como as pessoas em Saltimbanques *de Picasso. Não faziam nada em particular. Ninguém jamais acreditou que eu não estivesse fazendo nada (p. 18).*

Como citei no capítulo anterior, nesse trecho do capítulo Bion faz uma referência à obra *La famille de Saltimbanques* (1904), de Pablo Picasso. Essa constitui uma imagem evocativa poderosa. Aparece na quinta elegia de Rilke e é citada por outros artistas e poetas. Refaz-nos a nossa natureza nômade e solitária contemporaneamente, mesmo em nossa própria família; olhamos para dentro de nós mesmos quando, ao mesmo tempo, olhamos para fora, para nossas interações. O palhaço ou o bufão fazendo as vezes de Coro ou de elemento de ligação entre os personagens e o público, a bailarina, o equilibrista, enfim, uma configuração que nos remete à condição humana de solidão e dependência.

O menino continua a fazer suas perguntas:

"O que ele está fazendo agora?"

"Quem?" perguntou a minha mãe, tendo perdido o controle da conversa. "Jesus, quero dizer, o tigre", fiquei de repente envergonhado, pensando que devia ter perguntado sobre o cordeiro. Se o tigre, como parecia razoável,

estava no céu, deveria estar se divertindo em perseguir animais como o nosso cão Bootles fazia; só que Bootles era tão lento que não conseguia ir atrás de nada. Uma vez ele até deixou um rato se esconder debaixo do pelo de uma das patas enquanto ele estava parado, sorrindo, por estarem todos rindo tanto.

"Venha, filho", disse minha mãe dando-me um beijo, "Não posso ficar aqui o dia todo conversando, estou ocupada" (p. 18).

Nesse momento, a transcrição do capítulo toma uma nova direção. O eu poético muda de um eu subjetivo imerso na vivência da própria autobiografia para um narrador destacado e crítico, estabelecendo uma "pré-visão", algo futurista, como num filme estilo *Blade Runner* ou num livro de Aldous Huxley, uma linguagem ficcional...

O autor finaliza:

Através da aba da tenda, o sol bate no chão drenando a cor da grama e tornando tudo além do círculo de luz de um preto intenso. Luz intensa; preto intenso; nada no meio; sem crepúsculo. Sol árduo e silêncio; noite negra e ruído violento. Rãs coaxando, pássaros martelando caixas de lata, sinos soando, guinchando, gritando, rugindo, tossindo, berrando, zombando. Naquela noite, aquele é o mundo real e o barulho real. Quando os macacos superinteligentes com suas ferramentas superinteligentes tiverem se transformado em um estado ajustado e apropriado para proporcionar alimentação delicada aos futuros senhores e senhoras da criação, os supermicróbios

*sapiens, então os humanos que obstruem na terra alcan-
çarão sua glória, as belíssimas cores da carne putrescente
a apodrecer e feder e criar a nova aristocracia (p. 18).*

Guerra e guerra interna

Bion serviu no Exército como capitão de tanques na França de junho de 1917 a janeiro de 1919. Narrou suas experiências de guerra e retomou-as em vários textos em momentos diferentes de sua vida.

A primeira escrita, após ter perdido seu diário, foi ao deixar o Exército em 1919, em Oxford. Retoma o tema em "Comentary", um diálogo entre Myself e Bion, escrito em 1972, quando relê o diário datilografado por Francesca e, finalmente, em "Amiens", escrito na sequência da viagem de trem pela França com sua esposa, em agosto de 1958. O texto restou interrompido no meio de uma frase em 1960. Todos esses textos estão no livro *War Memoirs*.

Posteriormente, redige os volumes da *Autobiografia* e *Memória do futuro*. Durante toda a sua vida, essas experiências de guerra ficaram em busca de narrativa. Sua metapsicologia precisou dar conta da perene tensão presente na guerra e na vida. Algo tão intenso que "as formulações verbais ficariam inadequadas para fazer justiça" (Bion, 1991, p. 648).

Seu texto, como toda escrita, é autobiográfico, visto que "Nós, os perecíveis" (Neruda, 1975), ou ainda nós, os sobreviventes, temos a necessidade de encontrar uma forma de narrativa para dar conta de nossas experiências perturbadoras. Nessa guerra não há baixa.

Outro aspecto relevante é o estilo do relato que caracteriza a primeira transcrição do diário de guerra e os primeiros trabalhos de Bion sobre o assunto, como o artigo "The war of nerves" (1940).

Trata-se mais de descrições pormenorizadas da realidade externa do que da experiência emocional. Inicialmente, foi necessário "historizar", pondo os fatos numa sequência coerente e detalhada, e criar um "exoesqueleto",[7] como numa colcha de retalhos. A diferença entre o livro *War Memories*, escrito logo após a desmobilização do exército em Oxford, e a autobiografia *The Long Weekend*, realizada no final de sua vida é surpreendente. Nessa segunda chance Bion pôde incluir-se e o relato perde o caráter histórico e obsessivo e passa a ser poético. O leitor "vê" a batalha pelo seu olhar: "Todas as trincheiras inimigas estavam delineadas como baixas rebentações estilhaçadas. Era muito bonito – e muito mortífero" (Bion, 1997b, p. 47).[8]

A mente saturada pelo terror agarrando-se no esforço de reconstruir os lapsos de memória, as sensações físicas e as impressões psíquicas em busca de dar conta da dor mental. Historiar as experiências traumáticas de guerra na terra de ninguém é necessidade de sobrevivência de uma mente tomada pela angústia. O armistício. *Mudança catastrófica*: "homens na sua insignificância ao terem sido jogados numa trincheira para servirem ao Exército e serem mortos e na sua irrelevância ao terem sido jogados de volta à sociedade que os ignorou e os esqueceu o mais rápido possível" (Bion, 1982, p. 187).

Tarantelli (2011) correlaciona o período inicial do pensamento de Bion, a respeito da parte psicótica da personalidade, com sua obra e seu desfecho. No final de sua vida, há o sentimento paradoxal de estar morto estando vivo ou, ainda, "como os mesmos ossos mortos podem dar vida/fazer nascer uma mente?!" (Bion, 1982, p. 60).

---

7 "Exoesqueleto" é um termo utilizado por Bion em suas autobiografias.

8 A artista plástica Michal Heiman na exposição *A tale of art that attacks linking* (1917-2008) comenta as figuras e esquemas do primeiro diário de guerra de Bion, *War Memories*, e as compara às obras de arte de impressionistas e conjectura que Bion teria se inspirado nas imagens de guerra para confecção da Grade (https://youtu.be/X8QpTGJV0q8).

Em sua metateoria, Bion estaria comprometido com a experiência emocional e a percepção da sensação contemporânea de destruição e continuação do ser psíquico/somático. A questão psicótica perde seu estatuto psicopatológico e passa a ser contingência da angústia catastrófica diante de estados não integrados de si, a mente primordial, pano de fundo da personalidade, vicissitude humana do desamparo, desde o início da vida (Scappaticci, 2016).

Ataque-fuga, estar vivo é uma guerra... Bion apropria-se bem do modelo da física quântica aproximando-o do mundo mental, algo fragmentado. Seríamos como uma infinidade de partículas, grãos indo para todos os lados, movendo-se de maneira incerta... É preciso vivenciar a base catastrófica de nossa existência humana, a experiência de desamparo diante do que intuímos, mas que inevitavelmente evitamos: o temor de que a mente não dê conta de si.

A angústia é pela catástrofe diante da oscilação incessante entre fragmentação e reunião, PS e D, aproximação do ritmo mais elementar de si. Turbulência. Incerteza. "É a parte que te cabe deste latifúndio", canta Chico Buarque. Dar sentido às coisas é uma necessidade psicológica que urge em mim.

Bion (1982) escreve:

> *O mundo estava todo lá, antes de mim. Os portões de ferro do meu paraíso ressoaram atrás de mim enquanto eu caminhava, sozinho, solitário, anônimo em minha glória, para enfrentar o amanhecer da liberdade que eu tinha aguardado por tanto tempo. Não tinha milhões de outras pessoas? Não; só eu sabia o que era ser eu mesmo (p. 104).*

Diante desse cenário de guerra e de poderosa turbulência interna, ao iniciar cada capítulo, Bion faz um prelúdio, uma "entrada no clima", como as tomadas de um filme. Nesse trecho, lembro-me da abertura dos portões para o pátio da minha própria escola no meu primeiro recreio, portões e pátio interno que, na época, pareciam-me enormes e que com o passar do tempo foram perdendo suas poderosas e impressionantes dimensões. O impacto dessa recordação remete a *Alice no País das Maravilhas*, de Lewis Carroll (2002), em que a menina, ao ser indagada pela lagarta "Quem és tu?", responde não saber mais, já que tantas vezes diminuiu e aumentou de tamanho. Aqui nos reportamos também ao trecho de *Experiência em grupos e outros trabalhos* (1961), primeiro livro de Bion, no qual ele cita o temor de uma criança no período de latência, diante do recreio da escola. Perguntas temerosas que calam a mente de madrugada na solidão do leito e do mundo, e que com o alvorecer se redimensionam.

Bion descreve o seu campo de guerra

Surge o campo de guerra como uma mudança catastrófica na paisagem desalentada de suas figuras oníricas movendo-se automaticamente, como o Coelho de Lewis Carroll:

> *Ninguém à vista, salvo a solitária figura apressada... Um homem corria por uma trilha mais acima à direita, de onde as armas atiravam; enquanto eu vigiava, ele desapareceu. Então notei que todos andávamos apressadamente com passos curtos e rápidos. Mais tarde percebi que qualquer figura, toda figura, andava da mesma forma. Até nossos rostos padronizavam, tensos, cobertos de suor grudento (Bion, 1982, p. 126).*

Na paisagem-devaneio, o indivíduo está imerso no grupo como um borrão na tela. O recurso grupal é necessidade quando a experiência é tão penosa que não há continente individual que a suporte, assim, por muito tempo permanecemos incorporados no grupo, no Édipo.

É necessário utilizar a contraparte mental das características do animal da horda, como bem ilustrado por Freud, Wilfred Trotter, ou pelo próprio Darwin; ou, ainda, ouvir o grupo como recurso próprio e íntimo para o despertar. Permanecer na cesura, na "transigência" do pré-humano ao humano e vice-versa, à procura de um continente que dê conta de um nascimento psíquico, da manutenção de esperança ou da "luminosidade do objeto", termo utilizado por Karl Abraham ao escrever sobre "Luto e melancolia" (Abraham, 1927/1970).

Assim, o trem presenteado por seu pai em seu terceiro aniversário; Prince, o cavalo da família dos Rhodes; *La Leon Bollet*,[9] o carro da família dos Hamiltons; e o poderoso tanque são formas para conter tantas palavras possíveis e impossíveis na cesura, tensão entre o inanimado e o animado, entre o indivíduo e o grupo; humanização.

Bion (1982) descreve sua curiosidade e seu terror, aos 18 anos, pelo tanque que tanto o fascinava, parecia transformar-se em um personagem. O poderoso tanque em si.

> *Bovington Camp, em Wool, onde vi meu primeiro tanque.*
> *"Ele" bloqueava a estrada para o acampamento. O dia*
> *estava quente, ensolarado, parado. A estranha forma*
> *mecânica, imobilizada e imobilizante;*
> *Queria fugir dali.*
> *Uma martelada metálica veio de dentro dele;*

---

9 Os Rhodes e os Hamiltons são as famílias que acolhiam Bion nas férias no período da escola interna na Inglaterra.

152   M'ILLUMINO D'IMMENSO

Um soldado saiu
E o dia voltou à vida novamente (p. 115).

Estranhamento diante da imagem de um UFO é a descrição do impacto estético...

Uma anotação interessante é que o primeiro tanque, o protótipo da Primeira Guerra Mundial, foi emocionalmente ou ironicamente conhecido como "Mãe" durante seu desenvolvimento em 1915-1916. O termo "tanque" nasceu de uma abreviatura competindo com "recipiente", "receptáculo", "reservatório" ou "cisterna" – designado para ocultar a existência de uma arma secreta. Os tanques primitivos, dinossauros, foram fontes potentes de fantasia antropomórfica.

Em outra cena autobiográfica, o capitão Bion escalou para fora de um de seus tanques durante a batalha e, segundos depois... uma folha de chamas atirou-se contra ele, e lá estava o tanque com seus lados abaulados escancarados em flor enquanto seu telhado se fora... Corpos atirados do tanque que explodiu eram "como os intestinos de um animal fantástico pendurados para fora de uma enorme ferida aberta", "As entranhas penduradas de um animal Jurássico". (Bion, 1997b, p. 254).

Segurança imaginária? Imaginária violência? E ainda assim, homens morreram. Isso ilustra o fato de que "nenhuma proteção existe mais sólida do que a ficção da imaginação" (Bion, 1982, p. 131).

Até o final de sua vida, Bion permaneceu às voltas com sua experiência de guerra que continuava o assombrando, necessitava encontrar uma forma de relato, aguardando a narrativa.

O tanque surgira no início de sua autoanálise-autobiografia ao descrever o momento da separação de sua mãe na Inglaterra, ao chegar da Índia aos 8 anos de idade, no pictograma do chapeuzinho que se movia sobre a onda da cerca verde que os separava.

Aquela cerca funcionou como cesura entre sua infância e o resto de sua vida, ele nunca mais voltou para a Índia.

Instinto epistemofílico. A pergunta que não cala. A autobiografia é uma descrição de um menino cheio de perguntas que, a um certo ponto, desiste de perguntar. Como todos nós que buscamos a psicanálise, Bion tornou-se psicanalista para continuar fazendo as perguntas. Afinal, todos temos direito a uma segunda chance!

8. Autobiografia e poética[1]

Bion escreveu seus trabalhos autobiográficos após ter escrito grande parte de sua obra e vivido sua vida. Num certo sentido é uma reescrita, uma ficção num *après-coup*, de sua vida vivida no interior de sua própria escrita. O encantamento, a beleza, o mistério e o terror diante do contato com a sua vida mental, a descoberta da câmara virginal em que os pensamentos tomam suas formas, "câmara do pensamento virginal" (Keats, 1975). É uma atividade autopoiética, autocriativa, possibilidade sempre presente. A psicanálise surge como preconcepção do *self*, uma essência de si desde a origem: ir em busca de quem somos nós; uma habilidade humana em potencial (Chuster, 2011).[2]

---

1 Este capítulo foi baseado na apresentação "Matrizes poéticas do pensamento de Bion", realizada para a Sociedade Brasileira de Psicanálise de Ribeirão Preto (SBPRP), e no artigo publicado em: *Alter – Revista de Estudos Psicanalíticos,* 37(1), 165-179, 2021/2022.

2 "A psicanálise é estimular a função psicanalítica da personalidade presente em todo ser humano" (Bion, 1962).

Nisi dominus frustra, "sem Deus, nada tem significado". Bion (1982) introduz o livro *The long week-end* com a imagem do brasão de sua família e da cidade de Edimburgo.

Bion family crest
Nisi dominus frustra

'Except the Lord build the house, they labour in vain that build it: except the Lord keep the city, the watchman waketh but in vain.'

Psalm 127. i

Inscrito no brasão está o Salmo 127.i:

Se o senhor não constrói a casa,
Os construtores trabalham em vão;
Se o senhor não cuida da cidade,
De nada adianta a vigília dos guardas (Bíblia Sagrada, 1989, p. 432).

Retoma, assim, a ideia de retorno à própria origem, uma visão interior, um enxergar a infinitude e ser "ser humano", ser quem se é. Aqui, e em toda a sua obra, Bion nos traz as origens literárias do modelo psicanalítico da mente, já que, como ele mesmo dizia, os poetas românticos foram os primeiros psicanalistas, ou, como afirmou Shelley (2010), os legisladores não reconhecidos pelo mundo. A visão subjetiva do analista tem sua inspiração em fontes interiores que são continuamente legisladas nas realizações cotidianas com nossos analisandos. Com frequência o autor cunha palavras, utiliza termos antigos, do *Baghavad Gita*, que mostram sua origem indiana, como o famoso diálogo entre Arjuna e Krishna sobre a devoção à consciência espiritual antes da batalha, além dos salmos e hinos religiosos do Velho Testamento – que teve de traduzir na escola inglesa; a Bíblia e os livros antigos são fontes de expressão da vida mental da humanidade.

Utiliza também a literatura clássica – imperador Adriano, Homero, Virgílio –, o pré-romantismo e o romantismo ingleses – Milton, Shakespeare, Keats, Coleridge, Wordsworth –, entre muitos outros poetas e autores – como Siegfried Sassoon e Robert Graves, poetas ligados à Primeira Guerra, Lewis Carroll, Hermann Melville, Robert Browning e Edgar Allan Poe –, patrimônio universal de todos, algo da sua/nossa infância, repertório conhecido num manejo novo e cuidadoso de cada expressão, que aparece de repente, de modo não usual e surpreendente. Arrasta, assim, o leitor para o assombro da experiência. Procura estimular o outro (o analista) a reinventar-se, na busca de dar conta de si mesmo, de sua alma, de sua pena e de seu entorno... O leitor torna-se um autor, uma "autor-idade" frente a si mesmo.

O hiato entre *I, me and myself* ou a distância entre o eu ideal e aquilo que é possível é o pano de fundo desse romance autobiográfico, bem como a tensão entre os opostos nos cantos da inocência e da experiência de William Blake, ou ainda, como descreveu John Milton a respeito de seus sonetos, a relação entre o *self* e Deus. A descrição é de seu canto poético, de seu *Taming wild thoughts*; Bion, mais velho, reinventou-se nos olhos de um menino.

Trata-se da busca por um método próprio, da descoberta de uma epistemologia pessoal, como o próprio Édipo na encruzilhada da vida ao tomar a decisão entre curiosidade e arrogância, manter ou não a contínua indagação e a inquietude, ou, na expressão continuamente citada pelo autor, entre modificar ou fugir da realidade – entende-se, psiquicamente, entre pensar e esvair-se.

Encontramos nos relatos sua poesia favorita, recitada quando criança, de Rudyard Kipling, "The Elephants' Child". Kipling, como Forster e outros autores, viveu a cultura dos ingleses nascidos fora da Inglaterra. Bion, na introdução de seu livro *Seven servants*,[3] que reúne seus trabalhos do período denominado fase epistemológica por alguns autores, cita a poesia homenageando Rickman e Melanie Klein, seus analistas, com os quais recomeçou a perguntar.

Assim, em sua obra, o objeto psicanalítico também é uma pergunta que não cala, uma preconcepção psicanalítica da personalidade, original, insaturada e inacessível por completo, em busca de realização pelo resto da vida. Na fórmula que Bion elabora, a realização se dá num espectro entre um polo narcisista de menos crescimento – menos Y (que se lê "menos *why*") – e um polo social-ista – mais Y, "mais *why*" –, de mais perguntas, maior ampliação. A narrativa poética psicanalítica surge no *gap*, na falta, na ausência, sustentando as perguntas. Ou, como diria Blake, o analista é como o poeta, apenas o secretário, os autores estão na eternidade (1790/2008). Luca Trabucco (2021) descreve a atividade do psicanalista como ποιεσις, *poiesis*, uma epistemologia poética investigativa da verdade sobre si mesmo, ou seja, dar-se conta dos próprios meios de conhecimento da realidade, interna e externa.

O desenvolvimento de uma capacidade supralexical ou musical, prosódica, e contemporaneamente ideográfica, como em um pictograma, uma captação, como ele escreveu em *Memórias do futuro*, supra e infrassensorial, a capacidade poética do analista está presente em Bion, junto aos seus pacientes psicóticos ou ao paciente gago, cujo relato encontra-se na segunda Grade (1977/1989), e em toda sua obra. A análise se move pelo verso, como música na pauta, criando um significado, por meio de sua forma, e não simplesmente

---

3 Que reúne os textos *Aprender com a experiência* (1962), *Elementos de psicanálise* (1963), *Transformações* (1965) e *Atenção e interpretação* (1970).

pelo seu conteúdo representativo. Essa conjunção de vértices, visuais, sonoros, entre outros, que encontra raramente um eixo de intercepção numa forma (um O comum), seria como a música caudalosa de Schubert (*Lied* = canção em alemão), é a integração do texto literário, a pianística e a vocal. A primeira obra-prima de Schubert, *Margarida na roca*, baseada em uma cena do *Fausto*, de Goethe, foi composta em 1814 aos 17 anos. O piano tenta descrever o movimento da roca de fiar da heroína, enquanto a melodia retrata sua crescente angústia na ausência do amado. É considerado o primeiro grande *Lied* da história. O analista diante da efusão lírica e do arrebatamento procura, como na obra de arte, uma forma de expressão da alma humana.

A escrita de Bion mostra o movimento mental da pletora de elementos beta esparsos que se aglomeram e se dissipam como nuvens carregadas, *containers*, como diria Civitarese (2011); vemos esse movimento em seus trabalhos mais acadêmicos, mas na autobiografia ganham expressividade direta, uma aproximação poética.

Gostaria, portanto, de trazer à luz não somente o manejo e a necessidade literária e cultural de Bion, mas de todos nós, quanto ao estímulo trazido por ele – o desenvolvimento de uma capacidade de apreensão poética do próprio analista de elementos que, a princípio, são esparsos, fora do senso comum e que passam a ser transformados esteticamente em poesia. Uma atividade autopoiética, uma autobiografia.

A pungência do texto, bem como a de certos versos e de momentos nas sessões, o torna praticamente intraduzível. Como disse em capítulo anterior, toda a literatura é fruto de transmigração, transcriação (Campos, 1991).

No romance autobiográfico, Bion (1982) nos conta a trajetória do herói, do infante rumo ao autoconhecimento, rumo à luz, e,

160 AUTOBIOGRAFIA E POÉTICA

como diz Meg Williams (2018), de seu quase sempre iminente naufrágio. Temos na autobiografia um clima desalentado e severamente crítico: "nem uma alma para dizer/ por que estás desolado" (Shakespeare, 1607/1969, ato 3, cena XIII). Cada início de capítulo funciona como um prelúdio da jornada do herói em sua arriscada aposta de um contato consigo mesmo.

> *Eu era agora muito consciente do meu ser, mas o ser do qual eu tinha consciência – tímido, taciturno – não era digno de mim mesmo. Eu adorava uma foto em que eu estava correndo rapidamente, rindo prazerosamente, provavelmente sendo perseguido pelo meu pai ou minha mãe. Aquele, eu gostava de pensar, era como eu me parecia – não o objeto abatido e deprimente que eu vi por tantos anos. Eu nunca mais me vi assim, mas ainda existia aquela fotografia; eu devo ter parecido daquela maneira por um ou dois momentos em toda minha vida. Meu caráter, quando eu o vislumbrava, era horrível – em contraste com meus desejos (p. 23).*

> *Hora de ir à escola para tirar essa besteira da cabeça – eu não tinha uma mente nessa época, apenas uma "cabeça". Essa fase tinha mesmo um crepúsculo. Sem dúvida deveria ter sido a alvorada – o alvorecer da inteligência (p. 19).*

A descrição é do brilho visionário irradiando a percepção poética (*Wordsworth*) do pequeno Wilfred, não é algo inventado pela mente, mas percebido quando devidamente direcionado, o princípio da "moldagem da imaginação" (Williams, 2019, p. 42). Segundo Blake: "se as portas da percepção fossem limpas, todas as coisas surgiriam aos homens como são, infinitas" (1790/2008, p. 42).

Um dia estávamos todos juntos, cantando um hino, "Às vezes uma luz surpreende o cristão quando ele ora". Minha mãe disse ao meu pai, deixando de lado o seu livro de hinos: "Eu acho que nunca ouvi falar de alguém que tenha tido essa experiência, você já, Fred?". Ela parecia triste. Depois de pensar por um momento, meu pai respondeu, pouco à vontade: "Sim, acho que sim, mas eu não tive".

Eu estava assistindo, ouvindo atentamente. Por que eles estavam tão tristes? Coloquei minha mão na de minha mãe para confortá-la. Eles não tinham até aquele momento notado minha presença. O feitiço foi quebrado; minha mãe acariciou meu cabelo e o assunto não foi retomado. Estranho. Muitas vezes me perguntei qual era a questão.

"Por que você está triste mamãe?", perguntei-lhe mais tarde; ela riu dispensando a sugestão. "Sim", eu insisti, "você sabe – as surpresas de luz", eu lembrei a ela.

"Algum dia você vai entender – quando você for adulto", disse ela.

"Mas", eu insisti, "você é adulta e disse que não entendeu". Ela corou um pouco e riu. Aquela risada desconfortável! Não arf, arf, arf, como os homens no clube quando pedi a um deles um sorvete. Aquilo deixou meu pai com raiva. As pessoas se zangavam muito rapidamente e de repente, especialmente sobre coisas legais como sorvete, deitar de barriga para baixo e

162 AUTOBIOGRAFIA E POÉTICA

"esfregar-se". Eu pensei que seria melhor evitar "surpresas de luz" também (Bion, 1982, p. 24).

O poeta dentro do analista exorta a abrir a janela e, como recita William Blake (1803/1993),

Augúrios da inocência

Enxergar um mundo
Num grão de areia
E o céu como uma flor do campo
Segurar o infinito
Na palma de sua mão
Capturar a eternidade numa hora...
Eu não descanso da minha grande tarefa
Abrir os mundos eternos
Abrir os olhos imortais do homem
Para dentro do mundo do seu pensamento (pp. 76-79).

O texto surge no *gap* do encontro entre o tigre e o cordeiro, se o hiato pode ser sustentado.

Tyger, tyger, burning bright...
Dare frame thy fearful symmetry?
(Blake, 1790/2008).

"O deus da criatividade, com seu martelo, dá ritmicamente forma ao tigre, linha por linha e, ao mesmo tempo, põe seu coração para pulsar..., mas o tigre-musa não pode ser 'contido' pelo poeta" (Williams, 2019, p. 73).

O método oriental e o ocidental, apresentação e representação. O oriente na potência evocativa da linguagem logográfica,[4] das estruturas originárias da nossa mente, um registro misterioso não verbal anterior, efêmero, transitório e indizível.[5] Seria uma ordenação do mundo entrelaçando diferentes direções pelo espírito dos argonautas, dos gregos, em busca da verdade em contraste com os conceitos de Confúcio, em conformidade com um ideal zen budista? O *self* no poema (Bollas, 2013), sua sacralidade como forma expressiva na interação do eu com o grupo.

A fonte metapsicológica de cada analista se inspira nas vivências e nas narrativas de sua infância, como num processo onírico: ideograma, imagens da nossa infância, recorrentes em diferentes formas entrelaçadas por fantasias formatadas por experiências póstumas, o drama interno. Enquanto essas vivências e ideias presentes desde a infância de nossa personalidade não adquirirem uma forma, serão vividas como um corpo estranho e persecutório...

Em sua famosa "Ode a uma urna grega", Keats exclamava com ardor: "Ática forma! Tu, forma silenciosa, a mente nos tortura. A beleza é verdade, a verdade beleza" (2010, p. 46). Nos *Four quartets*, T. S. Eliot (1944) chamava nossa atenção para o fato de que "Só pela forma, o padrão/ Podem as palavras ou a música/ alcançar a tranquilidade" (Citado por Junqueira, 2013, p. 162).

Assim, a preconcepção de si em busca de uma realização atravessa a vida como intuição em busca de uma forma, uma ideia de Platão.

---

4 Justaposição de imagens, dando origem ao ideograma e ao pictograma da função alfa de Bion.

5 Mente primordial, como alguns autores denominam o último período de Bion.

Nossa essência é algo dado antecipadamente, que assume formas transitórias, nossos objetos internos, cujos avalistas precisariam recorrer aos poetas para permanecer na dor da impossibilidade de uma expressão sempre incompleta (coluna 2 da Grade de Bion).

> *Poesia é uma emoção recordada com tranquilidade. Vários fenômenos, como o aparecimento de um belo objeto, são significativos, não porque o objeto seja belo ou bom, mas porque eles servem para "lembrar" o observador do belo ou do bom que outrora foi conhecido, mas que já não o é. Este objeto, do qual o fenômeno serve de lembrete, seria a Forma (Bion, 1965, p. 138).*

Edgar Allan Poe, com precisão matemática, narra em 108 versos o desespero do eu lírico que perde a sua amada, Leonor, *never more*. Um corvo entra subitamente na casa do narrador e pousa sobre uma estátua, o busto de Pallas Atenas, considerada a deusa da sabedoria grega. O corvo e o eu lírico, então, passam a dialogar:

> *E esta ave estranha e escura fez sorrir minha amargura Com o solene decoro de seus ares rituais.*
> *"Tens o aspecto tosquiado", disse eu, "mas de nobre e ousado,*
> *Ó velho corvo emigrado lá das trevas infernais! Dize-me qual o teu nome lá nas trevas infernais" Disse o corvo, "Nunca mais" (Poe, 1845).*

Bion descreve, então, o seu campo de guerra. Diante dos elementos dispersos pela violência das emoções suscitadas, para dar conta de tal empreitada lança mão do recurso poético.

As cenas de guerra lembram o poema de T. S. Eliot, *Wasted land*, a percepção da imensidão do inapreensível, infinito, em sua finitude, a descrição da batalha: "Todas as trincheiras inimigas estavam delineadas como baixas rebentações estilhaçadas. Era muito bonito – e muito mortífero" (Bion, 1982, p. 47). O analista precisa tolerar a impossibilidade de apreensão do todo. Uma lista do tigre. Como a diferença vivida entre o registro do mapa e a experimentação do jovem capitão que se encontrava perdido e, ao mesmo tempo, tendo de reportar para seus superiores onde tinha perdido o tanque, por exemplo. Uma posição de reponsabilidade que vivemos como psicanalistas?

Transcrevo o início da poesia de Eliot (1922/2016),[6] dedicada a Ezra Pound:

> *I. O Enterro dos Mortos*
>
> *Abril é o mês mais cruel, procriando*
> *Lilases da terra morta, misturando*
> *Memória e desejo, agitando*
> *Raízes maçantes com chuva de primavera.*
> *O inverno nos manteve aquecidos, cobrindo*
> *Terra na neve esquecida, alimentando*
> *Um pouco de vida com tubérculos secos.*
> *O verão nos surpreendeu, chegando ao Starnbergersee*
> *Com pancada de chuva; paramos na colunata,*
> *E continuou na luz do sol, no Hofgarten,*
> *E tomou café e conversou por uma hora.*
> *Bin gar keine Russin, stamm' aus Litauen, echt deutsch.*
>
> *E quando éramos crianças, hospedados na*

---

6 Trecho da poesia retirada do livro na versão kindle.

casa do arquiduque,
Do meu primo, ele me levou de trenó,
E eu estava com medo. Ele disse, Maria,
Maria, segure firme. E descemos.
Nas montanhas, você se sente livre.
Leio, grande parte da noite, e vou para o sul no inverno.

William Blake (1790/2008), em *Proverbs of Hell*, também ilustra essa sucessão: "Aquilo que foi provado, antes foi imaginado" (p. 30). Para Piero Citati (2018), as musas "contam coisas passadas e futuras (porque o futuro também é passado), transportando-as para a linha ideal do presente... Têm a memória do futuro. O verdadeiro é simplesmente aquilo que não está escondido, que não está velado pelo esquecimento e pelo sono" (p. 48). Assim, Bion, ao terminar sua narrativa autobiográfica, cita Hamlet evocando a musa: "Ninfa, em tuas preces, que todos os meus pecados sejam lembrados!" (Shakespeare, 1603/2008, ato 3, cena I). Essa frase torna-se o título de seu segundo livro autobiográfico: *All my sins remembered*. Depois dele, interrompe seus textos autobiográficos e inicia as cartas a sua esposa Francesca e a seus filhos. O registro autobiográfico é infinito como o inconsciente e suas possibilidades permanecem como esperança, como "mola" propulsora para nova investigação do indivíduo. É a fé no psiquismo.

Estudando a autobiografia de Bion, escrita no ocaso de sua vida, revisitando e publicando-se em passagens de sua aurora, penso a psicanálise como atividade autobiográfica, para o analista e para o analisando. Essa é a "psicanálise pra valer", modifica o psicanalista. A memória, sabemos, é permanecer no imutável do sensorial, é a procura por autoentendimento, autoesclarecimento, está ligada ao que já conhecemos, o que importa, se possível, é "viver" a vida, viver a sessão. Nesse sentido, tememos viver e não morrer. A vida mental é fluida, efêmera e nos priva de certezas e, por isso, em algum momento, os psicanalistas odeiam o real da vida psíquica; sua existência se impõe, independe do próprio sujeito; desconcerta, apavora.

Como Nietzsche, Bion volta aos pré-socráticos, à pré-linguagem, para o período no qual não nos esforçávamos para eliminar as contradições da vida por meio de interpretações perfeitas. O convívio entre o ser e o não ser pode ser feito apenas pelo recurso poético e, portanto, a psicanálise não deixa de ser uma forma específica de arte.

> *P. A.: Os termos técnicos não estão isentos de de-grada--ção: é por isso que eu separo as sílabas, na esperança de que a retomada de uma dificuldade de aprendizado infantil possa reforçar minha comunicação. Será que nós não devíamos deixar nossos termos técnicos constantemente na oficina para reparos? (Bion, 1977b, p. 492).*

No texto de Bion, encontro-me sensibilizada pelas várias citações delicadas e comoventes. A citação *en passant* do imperador Adriano, que escreveu "Animula vágula blândula" às portas da morte. Ivan Pérsio de Arruda Campos cita seu pai, Haroldo de Campos (1991), que também, em seus últimos dois anos de vida, desejava traduzir alguns poemas romanos da época de prata. Finalizo meu texto como quem chama a musa, inspiração na minha escrita de passarinho:

> *Anima vágula blândula,*
> *Do corpo sempre hóspede e amiga*
> *Prá onde vais agora? Lugares*
> *Tão pálidos gélidos núdulos...*
> *e não mais nos dás logo jogos*
> *(Imperador Adriano, ano 76).*

Referências e indicações de leitura

Abraham, K. (1927/1970). *Teoria Psicanalítica da Libido*. Sobre o caráter e o desenvolvimento da libido (C.M. Oiticica, Trad.). Imago.

Almeida, M. M. (2008). O investimento desejante do analista frente a movimentos de afastamento e aproximação no trabalho com transtornos autísticos: impasses e nuances. *Revista Latino-Americana de Psicanálise*, 8, 169-184.

Alvarez, A. (1992). *Live company: psychoanalytic psychotherapy with autistic, borderline, deprived and abused children*. Routledge.

Ara, A. B. (2006). O ensino de estatística e a busca do equilíbrio entre os aspectos determinísticos e aleatórios da realidade (Tese de doutorado). Faculdade de Educação, Universidade de São Paulo.

Bandeira, M. (1993). *Poesia completa e prosa*. Nova Aguilar.

Bíblia Sagrada. (1989). João Ferreira de Almeida, Trad. Revista e atualizada no Brasil. Sociedade Bíblica do Brasil.

Bick, E. (1968). The experience of the skin in early object relations. *International Journal of Psychoanalysis, 49, 484-486.*

Bion, W. R. (1940). The war of nerves. In E. Miller (Ed.), *The neuroses in war*. Macmillan.

170 REFERÊNCIAS E INDICAÇÕES DE LEITURA

Bion, W. R. (1961). *Experience in groups and other papers.* Tavistock.

Bion, W. R. (1962). *Learning from experience.* Heinemann.

Bion, W. R. (1965). *Trasformazioni: il passaggio dall'apprendimento alla crescita.* Armando.

Bion, W. R. (1966). Catastrophic change. *Bulletin of the British Psychoanalytical Society, 5,* 13-26.

Bion, W. R. (1970). *Attention and interpretation: a scientific approach to insight in psychoanalysis and groups.* Tavistock.

Bion, W. R. (1975). Il sogno. In W. R. Bion, *Memoria del futuro.* Raffaello Cortina.

Bion, W. R. (1976). On evidence. *Bulletin of the British Psychoanalytical Society, 8.*

Bion, W. R. (1977a). Emotional turbulence. In P. Hartocollis (Ed.), *Borderline personality disorders.* International University Press.

Bion, W. R. (1977b). Presentare il passato. In W. R. Bion, *Memoria del futuro.* Raffaello Cortina.

Bion, W. R. (1978). Supervisão 12. Trabalho apresentado em Conferências Brasileiras, Sociedade Brasileira de Psicanálise de São Paulo.

Bion, W. R. (1979a). L'alba dell'oblio. In W. R. Bion, *Memoria del futuro.* Raffaello Cortina.

Bion, W. R. (1979b). Como tornar proveitoso um mau negócio. *Revista Brasileira de Psicanálise, 13*(4), 467-478.

Bion, W. R. (1982). *La lunga attesa: autobiografia, 1897-1919.* Astrolabio.

Bion, W. R. (1985). *Seven servants: four works.* Karnac.

Bion, W. R. (1987). On a quotation from Freud. In W. R. Bion, *Clinical Seminars: Brasilia and San Paulo and four papers* (pp. 234-238). Fleetwood. (Trabalho original publicado em 1976).

Bion, W. R. (1989). *Two papers: The Grid and Caesura*. Karnac. (Trabalho original publicado em 1977).

Bion, W. R. (1990). Notas sobre memória e desejo. In E. B. Spillius (Ed.), *Melanie Klein hoje: desenvolvimento da teoria e da técnica* (Vol. 2, pp. 30-34). Imago. (Trabalho original publicado em 1967).

Bion, W. R. (1991). All my sins remembered: another part of a life. In F. Bion (Ed.), *Family Letters*. Karnac.

Bion, W. R. (1994a). Ataques à ligação. In W. R. Bion, *Estudos psicanalíticos revisitados*. Imago. (Trabalho original publicado em 1959).

Bion, W. R. (1994b). Sobre arrogância. In W. R. Bion, *Estudos psicanalíticos revisitados*. Imago. (Trabalho original publicado em 1957).

Bion, W. R. (1994c). A teoria do pensar. In W. R. Bion, *Estudos psicanalíticos revisitados*. Imago. (Trabalho original publicado em 1962).

Bion, W. R. (1997a). *Taming wild thoughts* (F. Bion, Ed.). Karnac.

Bion, W. R. (1997b). *War Memoirs, 1917-1919* (F. Bion, Ed.). Karnac.

Bion, W. R. (2000). *Cogitações*. Imago. (Trabalho original publicado em 1992).

Bion, W. R. (2004). *Elementos de psicanálise* (2a ed.). Imago. (Trabalho original publicado em 1963).

Blake, W. (1993). Augúrios da inocência. In P. Vizioli (Sel., Trad. e notas), *William Blake: prosa e poesia selecionadas*. Nova Alexandria. (Trabalho original publicado em 1803).

Blake, W. (2008). *O casamento do Céu e do Inferno*. Hedra. (Trabalho original publicado em 1790).

Bléandonu, G. (1993). *Wilfred R. Bion: a vida e a obra (1897-1979)*. Imago.

Blinkstein, I. (2022). Prefácio. In D. Levisky, *Meu pai, um desconhecido?* Tao.

Bollas, C. (2013). *China on the mind*. Routledge.

Bolognini, S. (2008a). *O abraço de Peleu: sobrevivência, continência e convencimento na experiência analítica com patologias graves.* Trabalho apresentado em conferência na Sociedade Brasileira de Psicanálise de São Paulo.

Bolognini, S. (2008b). *Lobos verdadeiros e lobos falsos: a alternância de reacalcamento-cisão nos quadros clínicos complexos.* Trabalho apresentado em conferência na Sociedade Brasileira de Psicanálise de São Paulo.

Bonaminio, V. (2007). O discurso do adolescente em análise e o esgarçamento do tecido transicional: a mudança da psicopatologia na sociedade contemporânea. *Revista Brasileira de Psicanálise, 41*(3), 161-170.

Braga, J. C. (2018a). Bion: o autor na obra. In C. J. Rezze, C. A. V. Camargo, & E. S. Marra (Orgs.), *Bion: a décima face* (pp. 151-180). Blucher.

Braga, J. C. (2018b). Os desconhecidos, dentro e fora do conhecer. In C. J. Rezze, C. A. V. Camargo, & E. S. Marra (Orgs.), *Bion: a décima face* (pp. 233-246). Blucher.

Braga, J. C., & Mattos, J. A. J. (2009). Consciência moral primitiva: um vislumbre da mente primordial. *Revista Brasileira de Psicanálise, 43*(3), 141-158.

Calvino, I. (1988). *Lezioni americane: sei proposte per il prossimo millennio*. Garzanti.

Campos, H. (1991). *Entrevistas: Haroldo de Campos e a transcrição.* http://www.correiodopovo.com.br/blogs/juremirmachado/?p=4190

Carroll, L. (2002). *Alice no país das maravilhas*. Arara Azul.

Chuster, A. et al. (2018). *Simetria e objeto psicanalítico: desafiando paradigmas com W. R. Bion*. Edição do autor.

Chuster, A. et al. (2011). *O objeto psicanalítico: fundamentos de uma mudança de paradigma na psicanálise*. Edição do autor.

Citati, P. (2013). *Leopardi*. Mondadori.

Citati, P. (2018). *La mente colorata*. Adelphi.

Civitarese, G. (2007). Bion e a demanda de ambiguidade. *Revista de Psicanálise da SPPA, 14*(1), 57-75.

Civitarese, G. (2010). Cesura como o discurso do método de Bion. *Livro Anual de Psicanálise, 24*, 145-163.

Civitarese, G. (2011). *La violenza delle emozioni: Bion e la psicoanalisi postbioniana*. Raffaello Cortina.

Civitarese, G. (2014). Evidenze di Bion e lo stile dela teoria. In G. Civitarese, *I sensi e l'inconscio*. Borla.

Civitarese, G. (2015a). "Sonhando" a sessão e a teoria analítica de campo. Conferência realizada na Sociedade Brasileira de Psicanálise de São Paulo.

Civitarese, G. (2015b). Seminário clínico na Sociedade Brasileira de Psicanálise de São Paulo. (Material clínico de Anne Lise Scappaticci).

DEMÓCRITO. (2007). *Raccolta dei frammenti: Interpretazione e comentário di S. Luria*. Trad. it. Bompiani. Coletânea completa de fragmentos e testemunhos sobre Demócrito.

Eigen, M. (1985). Toward Bion's starting point: between catastrophe and faith. *International Journal of Psychoanalysis, 66*(pt. 3), 321-330.

Eliot, T. S. (1963). *Poesias* (pp. 89-115). Nova Fronteira.

Eliot, T. S. (1944). *Four quartets*. Faber & Faber.

Eliot, T. S. (2016). *The Waste Land and Other Poems*. General Press. Ebook Kindle. (Trabalho original publicado em 1922).

174 REFERÊNCIAS E INDICAÇÕES DE LEITURA

Franco Filho, O. M. (2004). Afinal, o que é experiência emocional ou uma pergunta que eu gostaria de ter feito a Bion. Artigo apresentado no Encontro Bion 2004, da Sociedade Brasileira de Psicanálise de São Paulo.

Freud, S. (1996a). Além do princípio do prazer. In S. Freud, *Edição standard brasileira das obras psicológicas completas de Sigmund Freud* (Vol. XVIII, pp. 17-90). Imago. (Trabalho original publicado em 1920).

Freud, S. (1996b). O caso de Schreber, artigos sobre a técnica e outros trabalhos. In S. Freud, *Edição standard brasileira das obras psicológicas completas de Sigmund Freud* (Vol. XII, pp. 111-222). Imago. (Trabalho original publicado em 1911-1915).

Freud, S. (1996c). Construções em análise. In S. Freud, *Edição standard brasileira das obras psicológicas completas de Sigmund Freud* (Vol. XXIII, pp. 289-304). Imago. (Trabalho original publicado em 1937).

Freud, S. (1996d). O ego e o id. In S. Freud, *Edição standard brasileira das obras psicológicas completas de Sigmund Freud* (Vol. XIX). Imago. (Trabalho original publicado em 1923).

Freud, S. (1996e). Escritores criativos e devaneio. In S. Freud, *Edição standard brasileira das obras psicológicas completas de Sigmund Freud* (Vol. IX, pp. 149-156). Imago. (Trabalho original publicado em 1908).

Freud, S. (1996f). O estranho. In S. Freud, *Edição standard brasileira das obras psicológicas completas de Sigmund Freud* (Vol. XVII, pp. 273-314). Imago. (Trabalho original publicado em 1917).

Freud, S. (1996g). Estudos sobre a histeria. In S. Freud, *Edição standard brasileira das obras psicológicas completas de Sigmund Freud* (Vol. II). Imago. (Trabalho original publicado em 1893-1895).

Freud, S. (1996h). A etiologia da histeria. In S. Freud, *Edição standard brasileira das obras psicológicas completas de S. Freud* (Vol. III, pp. 187-215). Imago. (Trabalho original publicado em 1896).

Freud, S. (1996i). Formulações sobre os dois princípios do funcionamento mental. In S. Freud, *Edição standard brasileira das obras psicológicas completas de Sigmund Freud* (Vol. X, pp. 108-120). Imago. (Trabalho original publicado em 1911).

Freud, S. (1996j). Inibições, sintomas e angústia. In S. Freud, *Edição standard brasileira das obras psicológicas completas de Sigmund Freud* (Vol. XX, pp. 107-201). Imago. (Trabalho original publicado em 1926).

Freud, S. (1996k). Os instintos e suas vicissitudes. In S. Freud, *Edição standard brasileira das obras psicológicas completas de Sigmund Freud* (Vol. XIV, pp. 123-144). Imago. (Trabalho original publicado em 1915).

Freud, S. (1996l). A interpretação dos sonhos. In S. Freud, *Edição standard brasileira das obras psicológicas completas de Sigmund Freud* (Vol. XXIV-XXV). Imago. (Trabalho original publicado em 1900).

Freud, S. (1996m). A negação. In S. Freud, *Edição standard brasileira das obras psicológicas completas de Sigmund Freud* (Vol. XI, pp. 295-300). Imago. (Trabalho original publicado em 1925).

Freud, S. (1996n). Recomendações aos médicos que exercem psicanálise. In S. Freud, *Edição standard brasileira das obras psicológicas completas de Sigmund Freud* (Vol. XII). Imago. (Trabalho original publicado em 1912).

Freud, S. (1996o). Totem e tabu. In S. Freud, *Edição standard brasileira das obras psicológicas completas de Sigmund Freud* (Vol. XIII). Imago. (Trabalho original publicado em 1913).

Frochtengarten, J. (2015). Comentários ao trabalho "Sendo no encontro analítico", de Giovanna Albuquerque Maranhão de

176 REFERÊNCIAS E INDICAÇÕES DE LEITURA

Lima. Reunião Científica, feita na Sociedade Brasileira de Psicanálise de São Paulo.

Gaddini, E. (1989). L'ultimo Bion. In A. Gaddini, M. L. Mascagni, & R. de Benedetti Gaddini (Orgs.), *Scritti: 1958-1985* (pp. 663-668). Raffaello Cortina.

Goldstein, R. Z. (2008). *Algunas reflexiones sobre el objeto transicional, nueva categoria objetal.* Trabalho apresentado no evento preparatório para o XVII Encontro Latino-Americano sobre o pensamento de Winnicott: Ressonâncias, na Sociedade Brasileira de Psicanálise de São Paulo.

Green, A. (1988). *Narcisismo de vida, narcisismo de morte.* Escuta.

Green, A. (1993). *Le travail du negative.* Minuit.

Green, A. (2000). A mente primordial e o trabalho do negativo. *Livro Anual de Psicanálise, 16,* 133-148.

Harris, B., & Redway-Harris, L. (2013). Braithwaite and the philosophy of science. In N. Torres, & R. D. Routledge (Eds.), *Bion's sources. The shaping of his paradigms.* Hinshelwood.

Isaacs, S. (1952). The nature of phantasy. In J. Riviere (Ed.), *Developments in psychoanalysis* (pp. 62-121). Hogarth Press.

Isaacs, S. (1986). A natureza e a função da fantasia. In S. Isaacs, *Os progressos da psicanálise.* Guanabara. (Trabalho original publicado em 1948).

Isaacs, S. (1991). The nature and function of phantasy. In P. King, & R. Steiner (Eds.), *The Freud-Klein controversies: 1941-1945* (pp. 264-321). Routledge. (Trabalho original publicado em 1943).

Jobim, A. C., & Moraes, V. (1958). *Chega de saudade* [LP]. Odeon.

Junqueira Filho, L. C. U. (2013). Entre a criação e a invenção: a busca pela forma em George Steiner, Wilfred Bion e Rem Koolhaas. *Ide, 36*(56), 161-175.

Kaës, R. (1998). Il saggio nel mondo moderno e taluni disturbi della vita psichica: caos nell'identità, difetti di simbolizzazione, illusione della fine delle illusioni. *Psiche, 1*(6), 122-130.

Keats, J. (1975). Carta diário de fevereiro de 1819 a George Keats. In R. Gittings (Ed.), *Selected Letters of John Keats* (pp. 249-251). Oxford University Press.

Keats, J. (2010). *Ode sobre a melancolia e outros poemas.* Hedra.

Klein, M. (1932). *The psychoanalysis of children.* Hogarth Press.

Klein, M. (1952). The origins of transference. *International Journal of Psychoanalysis, 33,* 433-438.

Klein, M. (1968). The importance of symbol-formation in the development of the ego. In M. Klein, *Contributions to psychoanalysis, 1921-1945* (pp. 236-250). Hogarth Press. (Trabalho original publicado em 1930).

Klein, M. (2006). Notas sobre alguns mecanismos esquizoides. In M. Klein, *Inveja e gratidão e outros trabalhos (1946-1963)* (pp. 17-43). Imago. (Trabalho original publicado em 1946).

Korbivcher, C. F. (2001). A teoria das transformações e os estados autísticos: transformações autísticas: uma proposta. *Revista Brasileira de Psicanálise, 39*(4), 113-130.

López-Corvo, R. E., & Morabito, L. (Eds.) (1978). *El seminario de Wilfred Bion en París.* Biebel.

Lucrécio (1994). *La natura dele cose.* Rizzoli.

Machado Junior, P. P. (2022). *A linguagem perdida das gruas e outros ensaios de rasuras e revelações* (Tese de doutorado). Instituto de Psicologia da Universidade de São Paulo, São Paulo.

Marra, E. S. (2021). Comentários a "Notas sobre o objeto psicanalítico na obra de Wilfred Bion", de Anne Lise Scappaticci, feitos em reunião científica da Sociedade Brasileira de Psicanálise de São Paulo.

178 REFERÊNCIAS E INDICAÇÕES DE LEITURA

Matte Blanco, I. (1998). *L'inconscio come insiemi infiniti*. Einaudi.

Meltzer, D., & Williams, M. H. (1998). *A apreensão do belo: o papel do conflito estético no desenvolvimento, na violência e na arte*. Imago.

Moraes, V. (1962). *O infinito*. https://www.viniciusdemoraes.com. br/pt-br/poesia/poesias-avulsas/o-infinito-de-leopardi

Milton, J. (1994). *O paraíso perdido*. Villa Rica (Trabalho original publicado em 1667).

Neruda, P. (1975). *Ainda*. José Olympio.

Ogden, T. H. (2013). Lendo Susan Isaacs: para uma revisão radical da teoria do pensar. *Livro Anual de Psicanálise, 27*(1), 85-99.

Paes, L. C. P. (2017). O agir do pensamento e sua prática: uma dimensão fenomenológica em prol do ensino médio no Brasil. Dissertação de conclusão de Curso, apresentada ao Programa de Pós-Graduação em Filosofia e Ensino (PPFEN) do Centro Federal de Educação Tecnológica Celso Suckow da Fonseca (CEFET/RJ). Recuperado em 30 de novembro de 2022, de https://dippg.cefet-rj.br/ppfen/attachments/article/81/05_ Luiz%20Claudio%20Esperança%20Paes.pdf

Pascal, B. (1952). *Pensadores Franceses*, Coleção Clássicos Jackson, Vol XII. Tradução de J. Brito Broca e Wilson Lousada.

Pirandello, L. (1921). *Sei personaggi in cerca d'autore*. Mondadori.

Poe, E. A. (1845). *O corvo* (F. Pessoa, Trad.). https://pt.wikisource. org/wiki/O_Corvo

Popper, K. (1965). *About clouds and clocks*. Conferência em homenagem a Arthur Holly Compton.

Rezze, C. J. (1990). *Minha experiência clínica na apreensão do objeto psicanalítico*. Mesa-redonda realizada na Sociedade Brasileira de Psicanálise de São Paulo.

Rezze, C. J. (2018). Introdução às ideias de Bion. In C. J. Rezze, C. A. V. Camargo, & E. S. Marra (Orgs.), *Bion: a décima face* (pp. 181-201). Blucher.

Ribeiro, M. F. R. (2017). Uma reflexão conceitual entre identificação projetiva e *enactment*: o analista implicado. In E. M. U. Cintra, G. Tamburrino, & M. F. R. Ribeiro (Orgs.), *Para além da contra-transferência: o analista implicado* (pp. 41-54). Zagodoni.

Rovelli, C. (2014). *Sete breves lições de física*. Schwarcz.

Sapienza, A. (2008). *Funzione alfa: angoscia catastrofica-panico--contenitore con* reverie. Trabalho apresentado no Congresso de Bion, em Roma.

Scappaticci, A. L. M. S. (2010). *Temporal*. Trabalho apresentado em reunião científica na Sociedade Brasileira de Psicanálise de São Paulo.

Scappaticci, A. L. M. S. (2016). Sobre o desamparo frente a estados de não integração. *Berggasse 19*, *4*(2), 17-31. (Trabalho originalmente apresentado sob o nome "Desamparo e estados de não integração" em reunião científica na Sociedade Brasileira de Psicanálise de São Paulo em 2008).

Scappaticci, A. L. M. S. (2017). Das nuvens e dos relógios: uma reflexão pessoal acerca do método psicanalítico. *Jornal de Psicanálise*, *50*(92), 163-180.

Scappaticci, A. L. M. S. (2021). Editorial: A viagem de Ulisses. *Ide*, *43*(71), 4-6.

Scappaticci, A. L. M. S., & Tirelli, L. C. (2011). *Bion e a psicanálise infantil: interações entre os indivíduos e nos grupos*. Primavera Editorial.

Shakespeare, W. (1969). *Antonio e Cleópatra*. Melhoramentos. (Trabalho original publicado em 1607).

180 REFERÊNCIAS E INDICAÇÕES DE LEITURA

Shakespeare, W. (2005). *Henrique V.* Melhoramentos. (Trabalho original publicado em 1590).

Shakespeare, W. (2008). *Hamlet.* Scipione. (Trabalho original publicado em 1603).

Shelley, P. B. (2010). *Uma defesa da poesia e outros ensaios.* Landmark.

Tarantelli, C. B. (2003). Life within death: towards a metapsychology of catastrophic psychic trauma. *International Journal of Psychoanalysis, 84,* 915-928.

Tarantelli, C. B. (2011). "I shall be blown to bits". Towards Bion's theory of catastrophic trauma [longer version]. Encontro Internacional de Bion "Clínica: mitos, sentidos e paixões", Porto Alegre.

Torres, N. (2013). Gregarious and the mind. Bion and Trotter, an update. In N. Torres, & R. D. Hinshelwood (Eds.), *Bion's sources: the shaping of paradigms* (pp. 5-18). Routledge.

Trabucco, L. (2021). L'autobiografia e la poetica di Wilfred Bion, de A. L. Scappaticci. http://aws.cpdp.it/index.php/2022/01/05/lautobiografia-e-la-poetica-di-wilfred-bion-l-trabucco-a-l-scappaticci/

Trachtenberg, R. (1998). A gangorra. *Revista do Centro de Estudos Psicanalíticos de Porto Alegre, 7,* 137-154.

Trachtenberg, R. (2013). Cesuras e des-cesuras: as fronteiras da (na) complexidade. *Revista Brasileira de Psicanálise, 47*(2), 55-66.

Trachtenberg, R. et al. (2014). Mesa-redonda "Função e lugar da Imaginação no trabalho analítico". Congresso da FEPAL, Buenos Aires.

Tustin, F. (1986). *Autistic barriers in neurotic patients.* Karnac.

Vermote, R. (2011). On the value of late Bion to the analytic theory and practice. *International Journal of Psychoanalysis, 92,* 1089-1098.

Vermote, R. (2016). *Era Bion um kleiniano?* Trabalho apresentado em discussão clínica na Sociedade Brasileira de Psicanálise de São Paulo.

Virgílio (2016). *Eneida.* (C. A. Nunes, Trad., edição bilíngue). Editora 34. (Trabalho original publicado em 19 a.C.).

Williams, G. P. (1990-1994). Comunicações pessoais durante a supervisão no workshop do curso vinculado à Clínica Tavistock, em Roma.

Williams, G. P. (1994). La sindrome "Vietato l'accesso". In E. Quagliata (Org.), *Un buon incontro* (pp. 140-153). Astrolabio.

Williams, M. H. (1985). The Tiger and O. *Psychoanalysis, Groups, Politics, Culture, 1,* 33-56.

Williams, M. H. (2008). *O desenvolvimento estético: Bion, Meltzer e o espírito poético da psicanálise.* Trabalho apresentado no encontro internacional "O pensamento vivo de Donald Meltzer", na Sociedade Brasileira de Psicanálise de São Paulo.

Williams, M. H. (2010). Remembering. In M. H. Williams, *Bion's dream: a reading of the autobiographies* (pp. 1-16). Karnac.

Williams, M. H. (2011). *Bion's dream: a reading of the autobiographies.* Karnac.

Williams, M. H. (2018). *O sonho de Bion.* Blucher.

Williams, M. H. (2019). *The vale of soul making: the post-kleinian model of the mind and its poetic origins.* Karnac.

Winnicott, D. W. (1975). *O brincar e a realidade.* Imago. (Trabalho original publicado em 1967).

GRÁFICA PAYM
Tel. [11] 4392-3344
paym@graficapaym.com.br